DEGO LARR ATOS

de Enzo Moscato

DEGOLARRATOS

de Enzo Moscato

Tradução e entrevista com o autor por Anita Mosca

© Relicário Edições
© Enzo Moscato

CIP –Brasil Catalogação-na-Fonte | Sindicato Nacional dos Editores de Livro, RJ

M894d
    Moscato, Enzo
    Degolarratos / Enzo Moscato; Tradução de Anita Mosca.
    — Belo Horizonte, MG : Relicário Edições, 2016.
    92 p. ; 13 x 18 cm.

    ISBN: 978-85-66786-39-2

    1. Teatro italiano. I. Mosca, Anita. II. Título.
                                                             CDD 852

Tradução | **Anita Mosca**
Preparação do manuscrito e revisão | **Manuela Ribeiro Barbosa**
Coordenação editorial | **Maíra Nassif**
Projeto gráfico e diagramação | **Caroline Gischewski**
Imagem da capa | **Guido Boletti** "Uomini e topi", técnica mista
                sobre papel (1991) — guidoboletti.net

Relicário Edições
www.relicarioedicoes.com
contato@relicarioedicoes.com

DEGOLARRATOS

PRIMEIRA VERSÃO DO TEXTO
Primeira representação italiana: Nápoles, Spazio Libero, janeiro de 1982
Direção: Enzo Moscato
Figurinos: Tata Barbalato
Intérprete: Enzo Moscato

SEGUNDA VERSÃO DO TEXTO
Primeira representação italiana: Torre del Greco, Teatro nel Garage, abril de 1984
Direção: Annibale Ruccello
Cena e figurinos: Franco Autiero
Intérprete: Enzo Moscato

(Um casebre esqualidíssimo. Desordem e caos reinam por toda a parte. No chão, remendos velhos, sacos de lixo, rascunhos, cadeiras viradas, uma foto emoldurada de um velho, um sabre antigo, uma máscara branca, uma sombrinha fechada. Sobre uma mesinha, à direita e ao fundo, garrafas semi-vazias, um potinho cheio de pedacinhos de papel de seda vermelha, uma tolha branca dobrada em quatro parecida com aquela que os garçons levam no braço nos restaurantes; embaixo da mesa, à esquerda, um garrafão com o gargalo lascado, contendo um líquido vermelho, e do lado, uma bacia branca. Pendente de um lado da mesinha, uma bandeira azul e branca de torcedores napolitanos de um time de futebol, mas embelezada com joias, strass, luzes várias. A ação acontece nos Quarteirões Espanhóis, bairro do centro histórico de Nápoles. O personagem, um travesti cujas roupas femininas não apresentam nenhuma preciosidade, pelo contrário, são esfarrapadas, rasgadas, no limite da vagabundagem, entra cantando. Vai até a beira do palco, interrompe sua canção, por um momento fixa intensamente o público, depois diz...)

E assim aqui apenas três coisas não ficaram: os hipogeus, a memória e a magia... Bem sabendo que apenas eles podiam nos salvar... Que apenas eles podiam evitar as traças, a naftalina ou, pior ainda, cair sepultados em algum livro à maneira de múmias alexandrinas.
(Baixa a cabeça tristemente. Um átimo de pausa, depois, dá uma volta pelo casebre indicando a desordem.) Mas então... Mas então... Aqui está... Aqui está... Ali é que tá: a ordinária fábrica de São Pedro, a ordinária escavação de Pompeia. Tudo de cabeça pra baixo, nada no seu próprio canto... Voltaram os tempos do cassino? Os alemães mais uma vez? Ah, Paieterno! Segura as minhas mãos, segura as minhas mãos, tu! Me dá a força.
(Chega à frente na beira do palco. Com as mãos nos quadris, grita na direção do canto esquerdo da sala:)

Ué, estudantes! Estudantes? Discentes? Mas o que arrumaram aqui à noite? Mas o que arranjaram? Os balés? As festinhas juninas? E, com licença, por que justamente no meu quarto de dormir?

(Pausa.)

Ah, não fostes vós? Vós não sabeis de nada? E quem foi, então? As almas noturnas? Os espíritos do além-túmulo? *(Pausa de reflexão.)*

Ou fui eu mesmo? Também pode ser... Pois é, como dizem, à noite, para sair, me arrumo como o Titibaco: vinho para cá, vinho pra lá... E depois... De manhã, quando volto para casa, não me lembro de mais nada... De mais nada... Os ardores passaram, e ando perguntando quem foi o autor dessa farra. *(Suspira, recolhe, distraidamente, algum objeto.)*
Fazer o quê? A fama, como se diz, é a puta que a leva. Péssimo deixares-te surpreender uma vez por alguém num momento de tua fraqueza íntima: logo te marcam, logo encontram uma maneira de te sacanear... *(Começa a tirar os velhos enfeites femininos, fica de camisola. Aproxima-se da mesa, levanta uma garrafa e, em contraluz, olha através dela, dá um sorriso largo.)*
Mesquinhos! Acabaram com tudo! Nem um gole me deixaram! Nem um!
(Toma um gole do gargalo da garrafa; depois, olhando para o público e soprando como quem confessa um segredo:) Na minha opinião, estes jovens um dia se darão ao alcoolismo... Sinto isso. *(Toma outro gole.)* Sim, senhor! Pressinto! Pressinto isso claramente!
(Põe a garrafa, recomeça a tirar sua roupa, cantando uma velha cantilena napolitana intitulada "O palazzo Ammendola": veste outros míseros trajes "domésticos"; no momento de usar as pantufas, reflete consigo mesmo sobre o sentido da cantilena e sobre o verbo "mpennere" – pendurar – nela contido e que significa enforcar.)

Sim, sim... Vós deveis vos pendurar, deveis vos enforcar. Deveis balançar-vos em forcas. Como, afinal, todos, não apenas vós, nessa cidade. Sim, deveis renovar as pompas da Praça Mercado, quando se botavam todos pendurados como roupa, com os prendedores: reis, rainhas, acrobatas, governadores, chefes, freiras e também esfarrapados. Todos, todos mais uma vez pendurados, como na Praça Mercado, quero ver-vos. E assim aqueles coitados do Corradino de Suábia e da Luisella Sanfelice serão, finalmente, resgatados. E a sombra deles não balançará nunca mais sozinha, pendurada ao sino do sineiro do Carmo; e não andará nunca mais, errante de pátio em pátio, de loja em loja, a pedir por caridade que lhe desamarrem o nó da forca, oh, miserandos, durante a missa de sufrágio para lhe aliviar a dor! Ficarão em ótima companhia. Com o povo todo. Iríeis lhes segurar as mãos, iríeis consolá-los, secaríeis as lágrimas deles como se faz com as crianças. Carece; afinal aquele rei tinha apenas 14 anos quando foi morto, e a criancinha da dona Luisella não tinha nem dois dias quando, na bacia dos panos do parto, a afogaram.
Que coragem bárbara!

(De novo canta uma cantilena. Em algum lugar repara num rato e bate com o pé no chão.) Uhè, frust'allà! Frust'allà! Não te chamei! Vai pro teu imundo buraco metropolitano! Não é hora do jantar ainda. Espera que eu te chame!

(Levanta-se e pega duas sacolas de lixo, distraidamente, com falsa expressão zangada.) Mas como ficam carrancudos estes ratos, uhé! É incrível como estão botando para fora a soberba... A altanaria, o "tudo me é devido"! E por quê? Logo assim! *(Curva-se para recolher alguns objetos que coloca nas sacolas.)* Porque eles são uma raça. Sim, senhor! Uma raça suja, fedorenta, abjeta, mas uma raça. Uma raça única e compacta, unida na sua fé! *(Pausa.)* Agora dizem que se mudaram... Que desde que aconteceu o "bum-bum-bum", o "treme-tudo", partiram em romarias, em milhares de milhões; que emigraram do Sul para o Norte. Entenda-se: do Sul ao Norte respeitando o entorno, ficando entre os confins. Nãaaao: e aqueles não mudam de cidade, não! E por que deveriam se mudar? Aqui podem se divertir. Em nenhum lugar encontram tantos degraus como aqui, descidas e descidinhas, tantos prédios com saídas duplas que facilitam a transmigração e pra onde fugir se voltar de novo o "bum-bum-bum", o "treme-tudo". Sim... Sim, agora se transferiram pro Norte! Ao Vómero, dizem, a Posillipo, aos Camaldoli: zonas nobres; onde há um ar mais fresco. *(Irritado.)* Mas eu gostaria de saber por que é que é aqui, na minha casa, que eles permanecem? Eh? Por que aqui dentro se fazem ainda de donos? *(Une o indicador da mão direita com o da mão esquerda, como para expressar cumplicidade, conivência.)* São os estudantes! Dão a eles confiança. Eu, não, eh! Eh!

Eu, não. Eu fico na minha. Eu digo: eu cá e vós lá. Nenhum comprometimento. Mas eles... *(Indica o andar onde deveriam estar os estudantes.)*
Eles guardam migalhinhas, uma ponta de cigarro, um cadarço de sapato, uma cusparada, tanto faz! Eles comem de tudo. E, no dia seguinte, mais soberbos estão, mais presumidos, mais altaneiros do que nunca! E isso, por quê? Porque os estudantes são racistas, estes são mais racistas ainda... Racistas e racistas fazem uma coisa só. Eis, explicado, o que diz a canção: "Aqui o homem que é honesto fica sempre em jejum". *(Pausa.)*
Eh, mas agora estão indo. Agora estão indo embora. A movimentação dos mares e das montanhas sacudiu o sangue deles também! O sangue, bah! Aquele pouco de sangue frio que eles têm, aquele pouco de sangue que eles têm em comum com as enguias e com as serpentes de mar. Sim, estão indo embora. Lentamente, devagar, puxa tu que empurro eu também... Mas estão indo embora. Estão se autoevacuando... Convenceram-se, finalmente. Porém, para os estoques cotidianos ainda voltam nessas zonas. Entende-se, precisam se aclimatar. Talvez seja a imundície daquelas partes que não os atrai... Nem os agrada tanto... E então, uma ou duas vezes por dia, uma aparição nessas cenas não é raro faltar. Mas eles não chegam a pé, não! Eles são folgados, querem o abacaxi amarelo já descascadinho e, tudo pronto tá-tá! Se estiverem no Vó-

mero, pegam a linha funicular de ida e volta; se chegarem da estação, o bonde ou qualquer meio de transporte improvisado, ou, então, se viram dentro de uma velha carruagem. Gastam três horas, é verdade, porém as viandas que pegam aqui, sofregamente, sofregamente advérbio de modo, como pra dizer com cupidez, com cupidicidade... Entre um beco, uma tapera e um esgoto, chegam da mesma forma, um pouco mortos, mas não completamente frios. *(Pausa.)*
Os ônibus? Não... Os ônibus, não. Não pegam ônibus, não. Acham-nos antipáticos. Porque além do trânsito podem se incendiar, pegar fogo de repente com todos os passageiros dentro, como aconteceu no Metropolitano no mês passado, que foi decepção para os "rouba-pneus" da região... Todos pais de família, povão muito digno, na verdade, os que, irritados porque excluídos da lista seletiva dos "re-pintores-das-estatuas-públicas-antecipadamente-pichadas-pelas-mãos-magoadas-deles-mesmos" arquitetaram toda essa encenação. *(Pausa.)*
Mas o negócio ficou, realmente, sem prosseguimento. O balanço, de uns cinquenta feridos, três mil mulheres que gritavam como loucas, fumaça e fedor de gás, borracha e ferro queimado, não tem impressionado ninguém mesmo. Carta fora do baralho!
(Levanta-se suspirando segurando duas sacolas abarrotadas.) Eh! O que não se faria para ganhar um lugar ao sol!

(Segue em direção ao fundo para depositá-las no chão, quando em um canto repara num outro rato. Curva-se, levemente, e diz com voz doce e maternal:)
Teresa? Teresa? Mas que raios estás fazendo aí? Teresa? Lindinha pequetita? Que podes aí... Sua mami? Vem, vem cá... Aquela malandra da Micharella foi-se embora. Vem, vem... Ela não está aqui... Teresa? *(Balança a cabeça, pega mais duas sacolas e chega à frente.)* Mah, ela tem vergonha, é tímida: não tem nada da cara de pau dos outros! A mãe, uma fútil, desapareceu há tempo, durante o "bum--bum-bum", e o pai, aliás, os pais que ela tinha, três, pereceram todos perto na ruazinha do lado, no quarto dos fundos da loja de café da senhorita Rusinha... Naquele dia a Inspeção Sanitária, impressionada com o fechamento prolongado da loja de café da senhorita, o qual devia permanecer aberto por emergência, por exigência, fez a terrível e horrorosa descoberta. *(Retoma o conto.)* Eh, saiu até nos jornais com caracteres deste tamanho: "Senhora solitária e velha realiza, provavelmente, promíscuo suicídio biológico junto com vinte ratos".
(Com um ar melancólico, tristonho, levanta-se e assume uma pose escultural sonhadora.)

Ah! Como era bela a senhorita Rusinha! Que mulher esplêndida! E que fidalga!

Tinha uma pinta aqui, no rosto, grande como um grão de bico... Natural, que ela maquiava com o lápis para parecer de mentirinha... E mais... Duas bochechas vermelhas, cá e cá, que ela fazia com o pó de cacau com baunilha Nescau... E um coque exagerado bem no meio da cabeça, que parecia a torre Eiffel tombando para cá e para lá, balança-mas-não-cai... Se ela se mexia. E lembro que eu, criança, quando ainda morava na Coroada, ficava olhando para ela, horas e horas de fora da loja, encantado, enquanto ela moía o café... E, um entre tantos, ela me rechaçava, grosseiramente, entediada, parecendo aborrecida: "Qual quê, moleque – dizia – nasceste aí? Vai, vai... cai fora, seu bobo. Me deixa trabalhar!" Enquanto que outras vezes, ventre empinado, ficava cantando, espontaneamente cantava, fazendo felizes as crianças e os negociantes de toda a vizinhança... E cantava, ela cantava, com aquela voz de paraíso de que ainda me lembro...
(Canta, macaqueando de forma ridícula a voz da senhorita Rusinha, um ato de La Bohème.*)*
Ah, que voz! Que voz tinha a senhorita Rusinha! A sua voz saía da loja, junto com o cheiro do café e subia pelas janelas, pelas varandas, pelos pátios dos prédios da rua Coroada, e depois de lá, descia pela rua Medina e pela Praça Bolsa, fazendo raso-raso todo o Retifilo até a Zeca... Encalhando apenas no meio dos quatro palácios e exatamente em cima dos degraus do Bar Flóris, que era uma

torrefação de propriedade de Dom Petrussio, o irmão da senhorita... Ele, sentindo chegar a voz da irmã, balançava a cabeça de homem do mundo e dizia aos clientes: "Não se assustem, não se assustem, que essa é a voz de Rusinha, a voz mais bonita do reinado!"
(Desmancha a pose escultural que tinha assumido anteriormente; volta, nervosamente, a recolher. Depois, com voz melancólica mas com um toque de ironia...)
Eh, pobre senhorita Rusinha! Pobre senhorita Rusinha! Encontraram-na sem vida no chão, no meio de uma barafunda de sacolas de lixo tresandando aquele seu nauseante conteúdo para o mais fundo da loja, para cá e para lá... E contornada, quase cercada, pela roda dos corpos de doze ratos, entre os quais estavam também os pais de Teresa... Uma coroinha, doze estrelinhas, como aquelas que aparecem nas costas de Nossa Senhora. Íntegra, tanto ela quanto eles, nem um arranhão, nem um hematoma, entendeis? Sem nenhum sinal de briga, de luta, de um lado ou de outro: nada. Quiseram ir embora assim, em perfeito, pacífico acordo, em perfeito, pacífico e voluntário acordo... Tinham convivido juntos por muitos anos!

Mais tarde, a polícia, os bombeiros, a tesoiraria e a guarda real... Quem conhecia toda aquela armada? Mais tarde, enfim, a prefeitura, o estado, sequestraram o local das vítimas, para dá-lo a algumas famílias de sem-tetos... Do

recente "bum-bum-bum", eles, porém, recusaram-no em respeito à defunta e aos doze bichinhos suicidas voluntários; daí destinaram o local para depósito de contas de luz ainda não reguladas, mas depois de um mês retrocederam, porque repararam que, na conta, o valor devido resultava ilegível, nem roído nem cancelado, mas simplesmente ilegível, por isso naquele mês um monte de gente não pagou a conta de luz, dentro dos pardieiros usufruíram da luz o tempo todo sem pagar nada, aí, depois, desistiram, enfim, o abandonaram. Fodeu!
Deixaram lá aberto pra todos os ventos, livre para todas as aventuras, desprotegido de todos, franqueado pra todos os que quisessem ficar lá... E daí em diante quem vai, quem vem, quem entra, quem sai... Atualmente uma colônia de criados e garçons proveniente da África mora lá... Gente fina, por caridade, pessoal, que fica na sua... Mas porém, Jesusmeu, que bordel, que caos, que Babel! Um porto de mar, eis... Um porto de mar negro se tornou a casa da senhorita Rusinha... Uma casbá, uma casbá de marroquinos, de abissínios, de egípcios, no meio uns poucos brancos que já haviam se esquecido de tudo...
(Aproxima-se da mesa. Pega uma venda de gaze branca enrolada e a desdobra lentamente. Coloca sobre seus olhos, faz um leve nó em cima da nuca. Chega devagar à frente. A atuação será sem gestos. Apenas no final no último verso levantará, definitivamente, a cabeça para o alto à procura da luz.)

Por quê? Vós não... Ah, não?
Eu, ao invés, sei de muitos que fazem.
Com estricnina. Dentro de uma bacia de água.
Fazer o quê?
Somos muitos, somos demais...
Não é possível outro método científico,
Outra solução mais indolor.
Esta solução, porém, deve ser dosada, gota a gota:
Tanto o volume de água quanto o volume da estricnina...
Mas não se deve errar, eh, não!
Senão a coisa vira outra,
Um expediente estranho,

Válido para as bestas, para os animais,
Mas não para nós,
Que somos muitos, demais...
O quê? Aqui um inferno?
Sim... Mas... É também um jardim.
Paraíso dos mendigos?
No atacado, cães, pedras, criaturas?
Shhhh!
Fazeis mal em chorar por nós...
Cada um o seu, então,
com mais um pouco de água e mais uma pitada de veneno.
Uma gota pode servir por dez mil flechas,
Meia gota,

Pronto. Descida, ciosamente, grande, lenta,
Dentro da Cisterna Pública,
Pode fazer adormecer para sempre os bairros mais nobres,
Quartieres Espagnoles, A Capemonte, a Vicária, a Estrela,
Sim, senhor, na Cisterna Pública,
Se alguém quiser brincar,
Se um dia, sem data, alguém quiser podar estas filas,
Alijar esta cifra...
O quê? Ainda tem quem diz: "Quantos são?", "Aonde os levam?"
Ou
"Passaram", "Não cantam?", "Desistiram?"
Não.
Aqui gelam. Aqui ficam para trás.
Gelam e morrem, aqui, entre os trilhos.
E é justo. Justíssimo. Não tem como.
A estricnina. A estricnina e uma bacia de água.
Essa é a solução.
O que inquieta é a possibilidade de erro:
A variação de um milésimo,
De um milésimo de um milésimo:

A mão que treme na dosagem, um suspiro, um pequeno sobressalto...
E então, eis-me aqui.
Eis aqui o resultado. Quem sou?

Estou dentro?
Estou fora?
Não morro, não...
Mas também não vivo como outrora,
A vista, as mãos, as orelhas...
E também a voz... Ainda um pouco... E logo...
Submergirá, afundará também.
Num pouco de estricnina. Uma pitadinha só.
Como uma cusparada atrás de um selo.
Temos que entendê-lo. Temos que sabê-lo:
Que somos muitos. Que somos demais.
Mas ainda... Mas ainda atrás dessa venda,
Uma coisa ainda se esconde, ainda se camufla,
Ainda quer burlar os públicos poderes,
É uma luzinha opaca,
Uma catarata lacerada
Uma linha... Uns pontinhos...
Uma coisa que se dá e que logo foge...
Uma coisa que me puxa a cabeça para cima...
Lá... *(olha definitivamente para o alto.)*
Que me obriga mais uma vez a procurá-lo,
O sol
O sol
O sol
... e nunca o encontro.
(A última palavra é quase engolida. Olha para baixo para

*algumas fotos aos seus pés. Desamarra as vendas. Ajoelha-
-se, levanta uma foto, observa-a por um instante, beija-a e
vai pendurá-la em um prego na parede à direita do quarto.
Em seguida, cantando um trava-língua popular, agacha-se
no chão com as pernas cruzadas. Pega o baralho de tarô,
começa a sortear algumas cartas aleatoriamente. Diz:)*

A casa? A casa?
Ah, a casa? O caracol a tem.
Falam até em habitar a casa, primitivos!
Eu os colocaria dentro de um forno! Dentro do forno de Jõe Bexiguento. Mas o que estou dizendo? Num forno? Nada disso! Talvez melhor ficassem numa caverna! Sim, senhor, numa caverna! Dentro das grutas dos catrumanos! Lá, onde antigamente prendiam as ovelhas e os porcos. E ainda sem nada, assim ó! Sem água, sem luz, sem gás, sem fogueira... Completamente nus! Apenas com duas folhas de figo atrás e na frente, tal qual Adão e Eva! Eles pelo menos, coitados, viviam os primeiros tempos, não podiam saber, não podiam entender! Moravam em cima dos galhos das árvores como os macacos! Não tinham ainda nem o entendimento do que é uma casa. Mas esses, sim, eles têm! Esses, sim, têm o entendimento do que é uma casa. Sério mesmo! Tenta botar esse pessoal na rua! Tenta tirar o teto das cabeças deles! Verás como gritam, berram, como reclamam: "Queremos a casa! Quere-

mos a casa! Queremos a casa!" Casa? Casa? Qual? Eu lhes daria uma reles casa! Sem contar que, uma vez de posse dela, não terão nenhum respeito por seus muros sagrados, pelas paredes, pelo sótão, pelas bases...

E não sabem que de volta, na cara de quem cospe pro alto, o cuspe cai? A casa fica caindo de podre? E podemos fazer o quê? As paredes fazem "nhaque-nhaque"? É, mas também? E as fissuras, os forros se encheram de gretas, buracos? E quando? E mesmo que fosse...
"Quem não tem cão, caça com gato!"
Eh, não! Assim não dá! Assim não se faz! A Bela 'Mbriana, a senhora das amuradas, a fada elfa que fica sempre escondida onde vocês têm redes e colchões, fica triste, ela vos vai amaldiçoar e depois de um tempo também se vingará de vós!
Ah! Ainda está viva aquela doçura da minha avó! Aquela pobre de minha avó, que não seja pobre diante do Senhor! Ela ficava sempre nos dizendo: "Meninos, netinhos! Não irriteis a Bela 'Mbriana! Não a ofendais! Então, não arruineis, não derrubeis nada... não cuspais no chão, não atireis os punhos contra as paredes!
Mais, a primeira das coisas que deveis fazer de manhã, quando acordardes, mandai às escondidas preces pra ela, que ela conhece o coração e os pensamentos. E benzei todos os passos que vós derdes!" Coitada da minha avó,

que não seja uma pobre diante de Deus! Que escarcéu ela arrumava se, algumas vezes, nós crianças resolvíamos chamar a Bela 'Mbriana... Para brincar à toa... Tipo assim, cantando: "Senhorinha popó! Tens a bunda à trapalhão! Senhorinha popó, tens a bunda à turbilhão!"... Enfim, bobagens de moleques e... A avó, se por acaso nos escutava? Uh! Uh! Explodiam cruéis os céus! As tempestades! Os relâmpagos! Bofetadas, mordidas, pancadas! Expiação com a cara no chão, como os turcos, para beijar os azulejos, as cerâmicas para pedir perdão e mercê *(Suspira.)* Ah! Outros tempos! Outra gente! Outros respeitos! *(Pausa. Voz baixa.)*

Nem as ratazanas e as baratas, para não falar das formigas e das moscas, minha avó não as matava! Nãaao! Nãaao! Porque dizia que aqueles eram mensageiros, pombos-correios, embaixadores das leis da Bela 'Mbriana. E, de fato, matando-se um bichinho, o dia tropeçava na miséria mais negra, as doenças mais estranhas choviam em cima da gente, como se nós tivéssemos cometido mesmo um homicídio! Se, ao contrário não os matávamos, e os deixávamos circular livres pela casa... Sem ter medo, lógico, e também ao mesmo tempo sem lhes dar muita confiança... *(Com voz calma de surpresa e maravilha.)*

Ué! Ué! Tudo rolava pra a gente! Tudo ficava bem para nós! Beleza! O mascate, naquela semana, esquecia-se de passar para acertar; Dona Maria, que vendia pizzas

e pães recheados, passava e nós comíamos e pagávamos "só quando der"; Dona Assunta, que ficava no início das escadas, nos dava um desconto sobre a dívida do Natal passado e nós já reservávamos para o gasto da Páscoa; o dono da casa, saindo do prédio levava uma escorregada brava, quebrava uma perna e por seis ou sete meses não passava para retirar o aluguel! Enfim... Tudo bem, tudo bem mesmo! E de vez em quando, no sábado, ganhávamos também na loteria, na dupla e na tripla até zerar... Como ela queria!
(Com tom de ternura, doce, compreensivo.) Claro, reconheço que não era confortável morar todo mundo junto em um único quarto, com todos aqueles animais clandestinos, alguns deles tinhosos e com caras de pau...
(Lembrando, com um sorriso.) Uma vez, de manhã, em cima da privada, uma ratazana pulou bem no cu da minha irmã Raquel; e outras roeram todos os meus cadernos de escola com tudo o que é ditado lá dentro; também outra, em tempo de guerra, enfiou os bigodes na tomada e provocou uma baita escuridão! Eh, fazer o quê? Mas, mas eles eram também agraciados. Sobretudo, sobretudo...
Quando sob os nossos olhos faziam aqueles negócios de mágica, as coisas mais prodigiosas! Tipo? A minha avó com uma mozarela na mão batia um pé no chão, cantando: "Pizi-pizi-Strángulo...
morte de São Strángulo...

São Strángulo piri-pipí,
e o sarraceno fazia pipi,
sarraceno fazia pãozim,
e toda mosca comia ali,
E eles comiam,
de pouquim em pouquim,
palerí, paleró,
Quem saiu foi tu!"
E eles se levantavam sobre as perninhas, segurando-se com os rabinhos na boca um do outro... E dançando! E dançando! Faziam incríveis rodas de dança! E isso era o quê? Isso era o quê? Magia! Magia doméstica! Milagre cotidiano! Jogo de prestidigitação! Só quem não tem fé não acredita! Eh! A casa, a casa! A casa não é apenas de pedras! A casa é gesso e divindade... Cimento e mistério... E coitado de quem não acredita, de quem quiser se fazer de espertinho...; coitado de quem ouve e faz de conta que não escutou... Coitado de quem enxerga e faz de conta que é cego! *(Vai para um canto do casebre, ajoelha-se e, uma de cada vez, acende todas as velas que estão no chão. Depois, levanta-se e olha ao seu redor, com ar misterioso. Pega uma cadeira e a põe de frente para o público. Pega um xale pendurado na parede, veste-o e se aproxima da cadeira, senta-se, cruza os braços sobre o ventre. Fixa o público, quando a música acaba, começa a falar, com tom baixo, mas claramente audível:)*
A Dona Auxiliadora, a Dona Dora lhes deu o endereço:

Alto da Concórdia 37, terceiro andar, as duas primeiras portas do lado de cá... Aconselhou-os a ir depressa, inclusive a dar um jeito logo... Porque o valor do aluguel do apartamento era tão baixo, para aquela época, quase nada... Sabe-se lá quantos aspirantes locatários e inquilinos já... Quem sabe, já uns tantos desalojados do 4 de Maio[1] ou do 8 de Setembro[2]... Teriam encontrado no beco, embaixo do prédio, e talvez já acomodados nas grimpas das escadas...! Meu Deus! Falando, ela conseguia quase materializar, na frente dos meninos, as caras de fome por um pão velho, tristes, toscas, prepotentes dos aspirantes inquilinos... Juntos com todas as suas velharias, juntos com os filhos, os genros, com os cunhados, os avós e os netos! Piores que os refugiados de guerra, dos arregaçados da Etiópia, dos prisioneiros do Négus... Enfim, toda uma escola de samba pra sair!

A Dona Dora também diz pra eles que o valor do aluguel do apartamento, além de ser uma miséria... Não previa nenhuma outra despesa, nem como outorga nem como

1 Data destinada às mudanças de apartamento em Nápoles por decreto do vice-rei espanhol Pedro Fernando de Castro, no século XVI. Como as mudanças eram permitidas apenas naquele dia, a bagunça que se criava e se tolerava então deu origem à expressão, ainda hoje usada em napolitano, "Me pare o quatto'e'maggio!", como para dizer: "Que confusão!"

2 No dia 8 de setembro de 1943, o então chefe de estado, Pietro Badoglio, anunciou a capitulação da Itália na 2ª Guerra Mundial.

antecipação, porque pra primeira coisa, não sendo a casa ocupada por ninguém há mais de 15 anos... Não teriam sabido pra quem dar a tal outorga para a pessoa sair da casa... E, pra segunda, que pagassem o aluguel diretamente... Desde que tivessem gostado da casa... É claro! Desde que os quartos os tivessem agradado... Que fosse, então, pago o primeiro aluguel, no início do mês seguinte, relativo ao corrente. E então, dá tempo, não é? Mas diretamente pra ela, a Dona Dora, que era a pessoa de confiança pessoal da grande marquesa, baronesa do quê, agora, não me lembro mais, de que trem mesmo era ela...!
Emma Capece Arutolo, proprietária em usufruto permanente do palácio inteiro! Em relação ao direito de intermediação contava com a generosidade deles... Remetendo-se à consciência dos jovens casados... Mas, de alguma forma, deixou entender que ficaria satisfeita com pouco, um presente, uma gorjeta, assim, apenas para tomar uma meia garrafa de vinho novo, de que ela tanto gostava, e, de mais a mais, boa noite! Pros músicos e pros cantores!
Os dois jovens, agora, realmente recém-casados de pouco tempo, mas já com uma criança de colo que ainda usava fralda e que se chamava Titinela, não deixaram que ela repetisse uma segunda vez a notícia do apartamento, e naquela manhã mesmo se encaminharam pra visitar a casa nova, que inclusive não estava muito distante do térreo onde eles, no improviso, moravam, térreo situado no

beco Chardineto, número 12, de propriedade de Afonso Benedice, expedidor. Térreo lindo, na verdade, muito luminoso, mas apertado demais para as necessidades deles, agora que tinham também a menininha de leite.

De alguma forma, quando naquela manhã se encaminharam para ir ver esse apartamento, parecia, nossa! Que Deus tinha se esquecido da água e que havia aberto todas as torneiras do paraíso, chovia, chovia... E os dois, sem guarda-chuva e molhados como dois pintinhos, iam caminhando, alinhados com as paredes, pelos gargalos e ruazinhas que do beco Chardineto iam subindo para a Concórdia. Viram um pedaço da Speranzela, um pedaço da Taverna Penta, um tiquim da Trindade Espanhola, uma viela da baixada São Matias e, enfim, uns cinquenta passos em descida do Alto da Concórdia, até que, enfim, chegaram na frente do portão do pátio do palácio!

Magnífico palácio, não é? Espanholesco rococó! Também com um puta jardim que ocupava o espaço de dois pátios juntos! Porém, além disso... Outra coisa surpreendeu muito os meninos: não ver nem embaixo do prédio, nem no jardim, nem no beco aquela turma de gente que a Dona Dora tinha dito que queria a casa, lá não havia, propriamente, ninguém!

Um deserto! E parecia pra eles que o palácio, e o silêncio dentro dele, esperava por eles mesmos, apenas por eles! E na verdade tiveram a impressão de que, inclusive, a por-

teira tivesse notícia só da visita deles...
De fato, logo que os viu, sem perguntar nem "Quem sois?", nem "Quem estais procurando?" a figura pegou a chave dentro do vestíbulo... E depressa, mas um pouco metida, como um pavão em um desfile, subiu na frente deles para lhes mostrar o apartamento.
Meu Deus! Que beleza! Que esplendor! Aquela não era uma casa! Era um castelo! Uma fortaleza digna apenas de uma princesa com reinado!
Uns quartos amplos, pelo menos uma dezena! Umas varandas tão amplas e compridas que pareciam o Belvedere do Vómero! E duas ou três cozinhas com fogão de lenha que podia aguentar pelo menos umas trinta panelas, frigideiras e caldeirões!
E quartos e quartinhos enfiados um no outro como as pérolas de um colar! Escadas, escadinhas, janelas, janelinhas, depósitos, despensas, armários nas paredes... Enfim, a graça de Deus!
Verdade é que Naninha, a esposa, vendo tudo isso, deu um passo atrás, assustada por toda aquela amplidão, aquele espaço. "Totó" – diz – "mas o que vamos fazer com uma casa tão grande assim? Nós somos três pessoas só, o que temos pra fazer aqui dentro? A mosca dentro do bispado?" Totore, o marido, ao contrário, mais que tudo se maravilhou de que uma casa tão grande e tão linda fosse alugada a um preço tão baixo, aquela misé-

ria, e dentro de si pensou em uma brincadeira da Dona Auxiliadora... Pensou que talvez aquela palhaça, aquela trouxa, aquela metida tinha feito hora com os dois jovens, recém-casados e pobres... Mas quando, por curiosidade, foi perguntar à porteira o valor do aluguel do apartamento, a porteira repetiu, tim-tim por tim-tim, exatamente o que havia dito a Dona Dora. Então ele, de sua parte, não segurou uma exclamação e disse: "Neh, moça, desculpe, mas... Por que tão barato assim? Cês tão de brincadeira?" E a porteira respondeu misteriosa: "O fato é que a senhora é muito rica! E por vosso lado, dizei apenas: é um sim ou um não?"

Chega. Para cortar o assunto disseram o tal "sim". Acabaram alugando a casa e naquela noite mesmo, ainda que fizesse tempo ruim, tendo apenas os colchões e as redes para transportar lá para cima dessa casa nova... E considerando que Totore era um moço de princípios, e quando dizia "cruz" era... Pegou essas redes com os colchões e os carregou em cima de um carrinho.

Pegou sua esposa e sua filha e, com uma lâmpada de querosene e quatro círios, encararam a escadaria, pretendendo que naquela noite mesma se tomasse posse das paredes...

(Levanta-se da cadeira. Dá uma olhadinha, com ar circunspecto, à direita e à esquerda, com medo de ser visto por alguém, aproxima-se da mesa, toma um gole de vinho e diz

para o público:)

A água não! A água não presta! Apodrece os fundos do mar!

(Volta a sentar-se e retoma o conto.)

Agora, logo que chegaram lá em cima e Totore botou a tranca de ferro atrás da porta... Enquanto conto a pele fica arrepiada... Então, logo que foram para dentro do apartamento... Começou um balé estranho. Como? Perguntais? Eu já agorinha vos conto como!
A menininha Titinela, que como já disse estava ainda de fralda, de tão novinha que era, e que até aquele momento tinha ficado tão boazinha e tranquila, quieta como uma bonequinha de açúcar, de repente, do nada, nos braços da mãe começou a gritar, gritar e chorar sem parar! E tão forte chorava, chorava aquela coitadinha que parecia o "76", a Torneira! E ao mesmo tempo foi ficando com o rostinho petrificado, dolorido, imóvel, como algumas estatuazinhas que se acham em cima das bordas das piscinas nos jardins e que jorram água e melancolia, água e melancolia de todas as partes do corpo! Naninha, então, a mãe, achando que a criancinha chorava porque estava com fome, logo lhe deu o peito para amamentá-la, mas, vendo que a menininha continuava chorando com a garganta bem aberta, com risco de se afogar com todo aquele

leite que saía da boca de um lado e de outro, entendeu, se levantou e colocou a criancinha nos braços do marido e disse: "Totó... Segura um pouco a menininha, acho esse choro meio esquisito. A criança sofre. Eu agora vou depressa ao boticário na esquina... Por favor! Não desce pro jardim com a menina no braço... Ela pode piorar... Pode adoentar ainda mais... Entendeste bem? Eu já volto, tá? Vou rápido!"
E, jogando um xale nas costas, abriu a porta e desceu as escadas voando. Totore, agora, sozinho, para procurar coragem, começou a balançar a criança e a lhe dizer palavras doces, sem significado, como às vezes os homens fazem, mais por falta de jeito que por má vontade.
(Faz o gesto de ninar, devagar, uma criança, dizendo palavrinhas sem sentido, carinhos. Depois, uma pausa:)
Quando de repente, num instante, a criancinha parou de chorar e como o dia passa pra noite começou a rir... a rir! Eh! Ria... Ria como gente grande, uma moça! Contraindo-se, contorcendo-se toda, quase fazendo carinhas de dor com a boca... Como se alguém... Como se alguém por trás dela... Atrás dela... Estivesse fazendo cosquinhas na sola dos pés, no meio das mãozinhas, dentro do cueiro. Totore, então, mesmo sendo sabido e teimoso, era por outro lado muito frouxo e medroso, vendo toda essa cena, esqueceu-se das palavras da esposa e, com a criancinha no colo, ela que ainda continuava rindo, como um anão de

circo equestre, abriu a porta e desceu para esperar Naninha lá embaixo, lá no jardim! E lá, de fato, ela encontrou os dois quando voltou da loja do boticário com a poção na mão. Naninha, por certo, agora, subindo as escadas com a menina no colo, ainda fatigada e meio aturdida com as risadas de antes, começou até a xingar o marido: "E tu és bem isso! E tu és outro! Tua cabeça não bate bem! Estás louco! Mas que houve? Eu te disse para não descer com a menina lá embaixo, lá no jardim, para ela não resfriar... E fazes isso mesmo? Então, está te sobrando essa menina? Então, não estás nem aí para ela? Ah! Eu devia ter virado freira ao invés de me casar contigo! Devia ter quebrado as pernas naquele dia em que subi contigo as escadas da igreja! Ah, meu Deus! Que má sorte me deste! Que desgraça! Que maldição!"
Enfim, todas aquelas coisas que marido e esposa se dizem sempre, a cada momento do dia, para demonstrar um pro outro que realmente se amam, não é? Que nasceram um para o outro e que se voltassem a nascer se casariam de novo, como já fizeram nas suas sete vidas antes desta...
Chega. Foi assim, foi assado, deram essa poção a Titinela e ela por encanto se apaziguou... E como Deus quis, foram se deitar os três. Naninha de um lado, a criancinha no meio e o marido do outro lado. E depois de todo aquele tralalá, logo caíram no sono, não é?
(Pausa longa. Fixa o público.)

...Quando, em plena noite, Naninha acordou, ouvindo uma voz baixinha, mas insistente no seu ouvido que lhe dizia: "Acorda, dá-me a criança... Acorda dá-me a criança... Ouviste ou não ouviste, ué? Acorda, dá-me a criança... a criança... a criança..." E ela, quanto mais ouvia aquela voz, mais chegava perto do marido com medo. Mas aquela voz continuava insistente...
(*Voz do Munachielo[3], como acima.*)
Até quando, não aguentando mais, a coitada resolveu acender um fósforo, pelo menos uma vela... Mas quando apoiou a mão do lado dela para se levantar... Lá... Lá mesmo... Lá onde antes tinha arrumado a menina... Não havia mais nada... Nada... Só um espaço oco entre os lençóis!...
Então... Então... Tremendo e gritando por espanto, não conseguindo achar nada para iluminar... A coitadinha começou a sacudir o marido, forte, forte, para que abrisse os olhos... "Totó, acorda! Totó, acorda!"... E na verdade demorou muito para conseguir! Até que, enfim, aquele

---

3 N. T. Munaciello, por transliteração "Munachielo", com a finalidade de manter o som da língua original. Espiritozinho, elfo. De acordo com uma antiga crença, o Munaciello, figura típica do folclore de Nápoles, toma a forma de um frade ou monge e entra nas casas, clandestinamente, provocando espanto, confusão ou trazendo boa sorte. Ele habitualmente aparece nos prédios antigos, que apresentam conexões com a parte subterrânea da cidade. O Munaciello pode ser benéfico ou maléfico, seduzir as damas da casa, trazer dinheiro ou um destino ruim.

bobão, aquele pateta acordou, apertando os olhos de sono, sem entender logo o que havia acontecido...
De alguma forma, rápido acenderam todas as velas que tinham e começaram a procurar, embaixo da cama, em cima da cama, entre os lençóis, entre as almofadas, dentro dos depósitos, fora, nas varandas, nada! Titinela parecia uma desaparecida, comida pelo escuro, devorada pelo Munachielo da casa. Nada, nem um grito nem um 'nguè--nguè nada! E então, os dois jovens, coitados, sentiram o coração falhar de desespero e começaram a se arranhar, a se martirizar, a rasgar toda a roupa... E, a um só tempo, tudo parecia um sonho, mas um sonho mudo e sem saída... Como um abatimento... Uma descida para o fundo do mar, para o abismo...
Quando de repente... De uma daquelas cem câmaras, ouviram chegar um barulho, uma bulha... Como se alguém se queixasse e começasse a quebrar tudo ao seu redor, pratos, garrafas, sopeiras, móveis... Tudo, tudo mesmo... E então os dois, marido e mulher, ainda que cheios de medo e apenas com uma vela, caminharam para aquele ponto... Apavorados e espantados, respirando apenas... (Pausa.)
E foi lá...
E foi lá que viram o mistério...
Que viram o mistério...
(Pausa, o rosto estático.)
Apoiada no meio da luz dos lençóis antigos... Dentro da

gaveta de um móvel de mil e setecentos, meio aberto e meio não... A Titinela deles, ainda no cueiro, tranquilamente dormia... e estava como que vigiada, observada a uns dois passos pelo respiro que se ouvia, que se ouvia bem... *(Imita o respiro pesado.)* Mas não se enxergava de quem... Chorando pela alegria, se aproximaram para pegá-la nos braços, não se perguntando nada naquele momento, das causas... Das razões daquela impossível caminhada da criança, nem também daqueles rumores, daquela barulheira que haviam ouvido antes... E que eles não sabiam explicar a si mesmos... Porque sabiam que os quartos estavam completamente vazios, sem objetos... Mas... Mas as surpresas para os dois jovens não tinham parado aí... Porque... Quando foram pegar a Titinela de dentro da gaveta para tomá-la entre os braços... De dentro do cueiro viram cair sobre o piso uma cachoeira de moedas de ouro... De escamas luminosas como uma estrela no escuro, que Totore, logicamente, logo se jogou para recolher, deixando para trás qualquer explicação do milagre! Enquanto Naninha, da parte dela, vislumbrou a mãozinha fechada da criancinha, fechadinha demais para ser um gesto espontâneo... De fato, abrindo os dedinhos encontram um bilhetinho, escrito com bela grafia e com tinta preta. Pega o bilhetinho, agarra o bilhetinho, o aproximam de uma vela... E leem *(voz escura:)* "Naninha, Totore, por favor, não mais tarde que agora, deixem logo o palácio. Levem embora a pequeninha também, que eu, de meu lado, a tornei rica demais. Mas, por favor, não mais tarde que agora, deixem logo o palácio, porque aquilo que é velho demais, está escrito: tem que morrer." (*Voz normal mas agitada.*)

Imaginem se aqueles dois coitadinhos, depois daquele susto, daquele leque inteiro de medos, deixaram o recado se repetir uma segunda vez! Ntella! Logo, imediatamente, com a criança, uma vela e com aquilo que puderam enfiar nos bolsos, abriram a porta e se jogaram pela escadaria abaixo... E num átimo, em um piscar de olhos, correndo pelo jardim, passando pelo pátio, atravessando o portão... Ah! (*Leva uma mão até a boca, como quem está sufocando...*) Chegaram... Finalmente no meio da rua... Ao ar livre! (*Fixa o público. Pausa.*)

E aí? Querem saber? Querem saber mesmo? Logo que fugiram para um lugar seguro... Apenas alcançaram a esquina do beco da cruz, de frente pro Alto da Concórdia e da baixada São Matias... (*Levanta, gradativamente, os braços para o céu...*)

Patapatrùm!
Patapatrùm!
Patapatrùm!
Patapatrùm!
Patapatrùm!

Tudo ruiu: o palácio, as varandas, as janelas, os pórticos,

os pilares, os terraços... E até os tijolos mais próximos do prédio do lado. Tudo desmoronou! Nem uma pedra ficou de pé! Foi-se tudo num átimo, num momento...
E depois não ficou nada mais que um buraco preto, preto e profundo, no meio da rua, e de dentro dele saía fogo e chamas, chamas e fogo... Como no topo do Vesúvio...
E os três ficaram olhando de longe tudo aquilo com boca aberta pela maravilha, como os bonequinhos de um presépio. "O que foi aquilo? – Ficavam se perguntando – uma graça de Deus? Uma advertência? Ou... Por um triz?"... Mah!
(Levanta-se da cadeira. Aproxima-se da mesa, arruma o xale nas costas.)
Ora, direis que fui eu que inventei essas coisas... Pode até ser que tenhais razão... E não é que eu tenho um documento assinado pela prefeitura, como comprovante daquilo que contei?! Mas perguntai àqueles que moram ainda naquela região, tentai perguntar para eles... E assim sabereis se eu disse mentira ou não... E mais que tudo, perguntai por que ainda hoje, no Alto da Concórdia, se encontram todos os números das casas e dos prédios...
(Contando com os dedos da mão.)
Tem o 33
O 34
O 35
O 36... o 38, o 39, o 40, o 41...
E assim por diante... Mas falta o 37, apenas o 37... Não

tem... E no seu lugar se encontra, ainda hoje, um grande *pontaço* de interrogação!
Ide! Ide... E perguntai o porquê!
Por quê??
Porque em cima do 37 não se fabrica e não se arranja nada.
Nunca.
Aqui, no 37 há apenas o espiritinho.
O Munachielo...
E também, quem tem luminárias dentro de casa para vê-lo... Nunca o fica procurando!

(Apaga uma das velas e sai, com uma outra acesa na mão. Com o rosto no chão, imaginando falar aos ratos:)

Escavadores, escavadores, sim! Escavadores, escórias da humanidade, escavadores, ratos imundos! Escavadores com unhinhas, com dentinhos, com perninhas... Mas não vai adiantar! Quem tem se sentado sobre o vosso covil para ficar de olho em vós, nunca o podereis prender! Nunca, nunca e nunca!
Que é que é? Por que as latrinas e a imundície são vossas parentas como a gente, agora vós quereríeis arrasar, o barbante encerado, para fazer "patrão, sai pra fora"? Farra dentro da minha casa? Nunca, isso nunca! Nenhuma confidência entre mim e vós!
O quê? Tuberculose e insanidade são hereditárias? Tá

bom! Mas o que vós tendes a ver com a raça? Vós não sois uma raça... O que é esta promiscuidade? Por que estais sempre presentes? Pra quê prestais? Qual deus do caralho botou na vossa cabeça que devíeis ficar com a gente? Que vós sois como a gente? Quem? Cadê este picareta? Falai, falai... Que eu vou colocar muito veneno pra ele também, muito arsênico, para tirá-lo do céu, hoje, amanhã, para sempre!

O quê? Gostaríeis de um pouco de óleo? Ah! Já sei... Gostais demais de óleo... Sois gulosos, loucos por óleo! Ou... Gostaríeis mais de umas nozes? Uma casca de queijo? Uma raspa de pão molhada na banha? Ah, sim! Estou vos vendo e ouvindo com água na boca! Com espuma na boca de tanto desejo! Ou então... Ou então? Esperai, gostaríeis... Adoraríeis...

(*Levanta-se do chão com o rosto surpreso, retesado, tenso.*)

Não! Um par de olhos? Uma memória açucarada? Um pouco de carninha tenra de criança? Ah, é isso o que quereis? Disso gostais? Vós roeríeis sem pressa, devagar, devagarinho... faríeis mesa cheia e brindes... E o vosso chefe da escumalha se levantaria no meio da mesa com um guardanapo no pescoço e uma taça na mão: e "Aonde vai – diz – para aonde vai? Saúde! Jogai em corpo, jogai ratinhos, colegas, companheiros meus de farrinhas!"... E come, bebe, fode e depois... Puns, arrotos, fornicação, porcarias... Como a gente mesmo! Como a gente mesmo!

Não falta nada! Um retrato nosso!!! Mas não! Não, não, não, não! Meus amigos, vós deveis resolver: ou homens ou animais. Daí não se sai!

(Pega a espada ao seu lado e a levanta.)

Agora, agora vai chegar o mestre Genarino, o amolador! Mandei chamá-lo e ele disse que dois mil, um milhão... Não importa quantos fordes, empalará todos vós... Indiscriminadamente. E depois? Leva-vos pra vender... Sim, senhor, pra vender. Todos vós, pendurados numa espada "degola-ratos", ligados com fios de algodão como as avelãs de Monte Virgem[4]. Eh! Vos levo pra vender lá pra cima, lá, no Vómero, na Duquesca, pra baixo da Rifece... Eh, vos levo pra vender... Vós iríeis ver quantos velhos, quantas velhas, quantos nojentos como vós, famintos, mais que vós, vos vão comprar e comer... Vão vos cozinhar à milanesa, à doré, ao forno, no pão com alcaparras e azeitonas... Sim, senhor! Deveis acabar assim! Desse jeito! O que estais achando? Que ainda estamos na época de "Scioscia"? Na época de "Faça-me rir"? A época em que, com

---

4 Complexo conventual situado no vilarejo de Montevergine, próximo de Avellino, a cerca de 55 km de Nápoles. De acordo com a tradição religiosa, os fiéis devem visitar o santuário uma vez por ano. Lá se encontram produtos típicos, entre os quais as famosas avelãs de Montevergine.

a vossa safadeza, com a vossa esperteza traiçoeira, determináveis o tempo bom e o tempo ruim! Quando zac! Com um raio de sol mais forte, com um pouco de merda a mais, botada no canto da rua, vós passáveis em carruagens com solenes vice-reis, vice-rei e marquês, com os bigodes como o Menjou, com um brinco na orelha, um turbante na cabeça... Passáveis em carruagens! E depois, atrás de vós, o calor... E depois a febre e depois as diarreias!... Quando era o tempo de pestilência e procissões todos os dias, quando dentro dos tabernáculos vos botavam! Vós, vós, nem santos nem Nossa Senhora, vos botavam, senhores da cólera e da imundície! Quando aqui tudo era hispânico: o ar, os palácios, a maldade, a morte, a caridade, a aflição, a felicidade... Quando os patrões subiam sempre mais acima, sempre mais acima, até encostar com as mãos no Paieterno! E nós, ao contrário, descíamos sempre mais pra baixo, sempre mais embaixo... Sempre mais: lábio a lábio, cu a cu, todos unidos em jarras e penicos... Mas convosco, juntos... Convosco?!? E agora não! Agora não! Comigo, não! Eu sou safada, eu sou mais da rua, a pior de vós todos: malandra e assassina! Eu acabo convosco como com a raça dos judeus! Assim deveis acabar! Nem um olho, nem um bigode, nem um rabinho vou deixar vivo dentro da cova, nem um! Lembrai-vos: quem com o cutelo dá, com o cutelo será ferido. Vós, vós raciocinais com os dentes, então pelos dentes

haveríeis de acabar! Puh!
(Cospe, violentamente, no chão. Fica imóvel, com a espada levantada no ar. As luzes sobem gradativamente. A personagem coloca-se em uma posição central, com as pernas cruzadas. Olha ao seu redor, tem calafrios. Leva os seus braços às costas nuas. Sua voz é quase uma lamentação imperceptível.)
Nossa Senhora, que frio! Que frio! Parece a Sibéria, o Polo Norte. Que frio!... Das duas uma, ou me deixaram todas as portas abertas, e isso não me surpreenderia, com a cabeça vazia que eles têm, ou então se quebrou o sótão que une a terra com o sol... E nós nos precipitamos no fundo gelado, gelado, quem sabe onde!
(Pega em um canto uma caixa. Pega uma máscara branca e espectral. Enquanto a veste, continua falando entre dentes. Quando está pronto, atrás da máscara, o tom é claro, forte, irônico. Chama o estudante:)
Estudante! Estudante? Estudante? Estudante, expõe tua nudez! Estudante, amanhã vai chover! Faz dia bonito, mas se vem o vento, não é culpa minha. *(Desiludido.)*
Vais, vais... Vais embora!? Tens medo, eu sei, entendi... Medo de mim... *(Canta:)*
"Quem és tu, eu não sei...
Quem és tu, eu não sei...

(Tira a máscara, continuando com risadinhas.)

É justo. Tu tens razão. Eu sou uma bêbada louca, uma bruxa, uma feiticeira conclamada... *(Faz esquisitos gestos com a mão, ao mesmo tempo, mágicos e ridículos).*
"Domus Penatesque misterium... ombras mortuosque sub specie Sybillae... veni, veni, Spiritus, adusque litoras"... *(Sarcástico.)* Eh! Eu também sei o latim, que achas? Sei tudo, eu! Mas não te preocupes, não, filtros, poções, elixir, para ti, não faço, não... E como poderia? Tu és tão anjinho, tão prestante, tão cheinho de graça em tudo que tu fazes... Não, não, não te preocupes, *"Nolo te tangere"*, criança! Ah... Não acreditas em mim? Não acreditas que "ainda" não te fiz nada? Embé! Olha, constata-o tu mesmo. Conta teus lenços, são doze ainda, não é? Os cabelos? Passa a mão nos cabelos, já te tomei uma mecha ou um cacho dos teus cabelos? E o café? *(Faz o gesto de mexer em uma xícara.)* O café, já te botei o marquês dentro do café? Do que tens medo? Da criança com o cueiro? *(Deita-se completamente no chão. Tom sonhador, romântico.)* Um moço bonito como tu, com estes olhos, com estas costas que tens, com estas mãos que parecem pinças... Eu... Um como eu, quero dizer... Eu... Ah, que tortura te olhar, te imaginar! De dia, quando te vejo, todas as manhãs... O dia para mim... Vem apenas para me deixar sofrer... Porque à noite não... À noite eu não posso pensar em ti... À noite eu me faço de rosa, de rosa pra todos, pra quem me quiser de verdade e pra quem quiser me iludir... Não, à noite eu não

posso pensar em ti, para mim o escuro não é sentimento, saudade... pra mim... O escuro é negócio, *business*, dinheiro... *(com tom resignado.)* Fazer o quê? Era o meu destino... Mas sabes tu que acabas comigo? Queres ou não queres? Não fumas, não bebes, não dás e não tiras. *(Com raiva.)* Menino, menino! Lembra-te de que tudo que é deixado é perdido, minha flor... É bonito, dizem, apenas o que cabe em uma mão, todo o resto se atira aos cachorros... *(alusivo.)* Mas um dia, um dia tu me disseste *(imitando a voz do estudante:)* "Oh, se fosses uma mulher mesmo, eu... eu..." e me colocaste a mão aqui, no pescoço... *(Voltando ao tom normal, quase apressando o negócio.)* Então? É agora? Ou amanhã? Queres pensar mais? Estás ainda inseguro? Eu te espero, oi, eu te espero, com o sol... *(Abre uma sombrinha que está do lado dele no chão.)* É... Mas também, também pode chover... *(De pé, com gestos um pouco recalcados.)* Além do mais, sou uma bela figura com a sombrinha, não é não? Poderia ser, também, razoavelmente apresentável na tua cidade do interior. Quem sabe, um belo dia, me levas contigo...
(Pausa.) Mas que fazes, não ris? Ao invés, ri um pouquinho... Ri! Ficas sempre com essa cara fechada, parece que perdeste a fiança e a garantia! Quem sabe que pensamentos tens tu?! Pensas sempre, pensas, pensas, pensas, pensas... Filósofo! E eu, então, o que deveria fazer? Que deveria fazer? Entre ratos, polícia, chamadas do cassino e

dívidas, dívidas que não acabam nunca, acerto uma, outra aparece, acerto uma, outra aparece, o que deveria fazer? O que deveria fazer de mim? Podes me dizer?! *(Com tom entre irônico e cortante.)* Mas não sentes nunca a vontade de jogar estes livros pra fora? E não te cansas nunca de ler? Os livros, Titó, são fofoqueiros e mentirosos... É por isso que eu não fui pra escola, que parei no ensino básico. E devia ter continuado para quê? Sempre tive profissão, garantida: "Guarda-nada"! Isso mesmo: "Guarda-nada". E pra segunda, de reserva: "Quebra-paz-do-povo". Sem modéstia acho que consegui alcançar até um certo *status*. Estou na crista da onda. Tipo? Alguém se achava e precisava ser cutucado um pouco? Eh! Aqui estou eu! Outro não tem nada pra fazer e quer ter, de repente, riso na cara? Eu me empresto para ele em troca de uma generosa recompensa, claro, como um profissional! Ah, se tu soubesses quantos clientes que eu tenho! E os mais generosos são aqueles que não entendem logo a minha arte, o meu talento... e por isso voltam, e pagam, pagam, pagam muito bem, demais da conta! *(Com tom desenvolto, superficial.)* O sexo, inclusive, é uma ninharia, uma atividade de terceira categoria, um *hobby, a job*, como se diz agora, me dou e não me dou, me entrego e não me entrego, por cinco pratas enceno desmaios, por quatro um imóvel prazer... E se forem apenas uma ou duas, nem me mexo, me faço de morta, alguns minutos e o senhor já está servido. *(Sem paciência.)*

Eh! Mas contigo, criança minha, não tem a menor condição, me fazes desanimar totalmente! Nossa! Dize-me uma palavra doce, faze-me um gesto galante, improvisa-me uma cena de ciúme, defende-me dos gigolôs, dos tão safados sedutores que vivem nessa rua! Casa comigo! Por que não? *Ama-me. É tempo ainda.*[5] (*Pausa. Um momento de perplexidade, depois continua o diálogo com o imaginário moço.*) Por quê? Não pode ser? É uma coisa impossível? (*Com tom ríspido, severo, realístico.*) Rapaz, rapaz, bota na tua cabeça que ficando aqui, tu te contaminaste também, tu também ficaste *monstrificado*. O povo murmurinha, fica falando... E, cedo ou tarde, também na tua cidade do interior as pessoas vão saber que estás com uma figura como eu, que "coabitas" com um personagem como eu, aquelas mesmas pessoas hão de falar, colocar pôsteres, e, como se diz? Vão badalar o campanário da igrejinha...
(*As luzes baixam levemente. O personagem olha ao seu redor, perdido. Como invadido pelo frio de antes, leva os braços às costas nuas. Afasta-se, devagar, até o pano de fundo. Deixa-se cair sobre uma cadeira. Quase com um sussurro, diz:*)

5 Verso da poeta brasileira Hilda Hilst: "Ama-me. É tempo ainda./ Interroga-me./ E eu te direi que o nosso tempo é agora./ Esplêndida avidez,/vasta ventura/ Porque é mais vasto/ o sonho que elabora/ Há tanto tempo/ sua própria tessitura./ Ama-me./ Embora eu te pareça/ Demasiado intensa./ E de aspereza./ E transitória/ se tu me repensas." HILST, Hilda. *Júbilo, memória, noviciado da paixão.* 2ª reimpressão. São Paulo: Globo, 2008, p. 18.

Nossa, que frio, que frio! Parece a Sibéria, o Polo Norte. Nossa, que frio, que frio! Então é verdade? É isso mesmo? "A velha, no dia 30 de novembro, botou madeira na fogueira".
(Levanta-se e, cantando uma nênia popular, vai até um canto para trocar de roupa. Veste uns sapatos de salto alto, coloca a bandeira do Nápoles atada sobre as costas. Aproxima-se da mesa e devagar, sem parar de cantar, veste todas as joias que se encontram lá: anéis, colares, pedras, tudo, até parecer um ídolo de outros tempos. Quando terminar, pega a garrafa de vinho, senta-se com as pernas abertas. Após uma longa pausa, fixando o público.)
Por quê? Vós não?... *(Faz um gesto de levar uma arma até a cabeça.)* Ah, não? Eu, ao contrário, conheço uma nobre senhora que resolveu tudo com o ossavário. Sim, senhor, o ossavário: seria um negócio mecânico de três metros por oito, com um respiradouro pra baixo da terra ao invés de pro alto.
Ótima ideia mesmo! Assim, a cada trinta, quarenta dias, de acordo com as condições climáticas e atmosféricas, pode-se fazer partir um rebanho.
TÁ TÁ TÁ PUM-TÁ, TÁ TÁ TÁ PUM-TÁ. *(Repete o gesto da arma na cabeça.)*
Não, não, os objetos pessoais foram devolvidos, todos, até o último, ao parente mais próximo, digamos, mais consanguíneo, não pertencente ao rebanho, ou ainda não incluído por boas razões. Os afetos pessoais, mah! E po-

dem ser o quê? Mixaria, quinquilharia, uns botões, uma tuta-e-meia! Sim, sim, é legal mesmo essa nobre senhora! Também um a mais, um a menos, o que muda? Ela diz: "Afinal, também ficam na rua". A matemática não tem simpatia: "Que o número eliminável... Não, eliminando, seja orgânico ou não orgânico, não estamos nem aí pros adendos e coeficientes!" De toda forma, o ossavário e o rebanho são realmente uma boa ideia, parece o título de um filme! TÁ TÁ TÁ PUM-TÁ, TÁ TÁ TÁ PUM-TÁ. (*Repete o gesto da arma na cabeça.*)
Os resíduos, aqueles que não conseguiram passar pelo respiradouro, aqueles que solidificam, aqueles que pegam outra forma, como o chumbo, a noite de São João, parece... Parece... Que sejam dados ao bispado regional! Eles que, por sua parte, através de encíclicas, bulas e decretos canônicos, os coloquem dentro das catacumbas!
É aí que eu estou interessado, aí! Neste aspecto químico mistifório do negócio... Se eu conseguisse arranjar, quem sabe, uma cabecinha, uma lasca de braço, uma escapulazinha... Quem sabe? Quem sabe?
Pra mim? Pra mim, não. Não pra usar. Eu não acredito em talismãs. Talismã já sou eu mesmo, pra mim mesmo. Não seria pra mim, mas para estes aqui, para os vivos e para os mortos. Eles têm sempre fome, sede, vontade. Nunca estão satisfeitos, mas quem é aquele bobo que diz que morrendo não se vive mais? Por que, passando-se a mão pela

fronte, se cancelam os pensamentos?
Eu, no meio deles, pareço Salomé, danço para Herodes pela cabeça do Batista, e não basta que eu tenha que cuidar deles, recebê-los... Não. Tenho que cantar, falar, fazer o amor! Não aguento mais, não aguento mais... E uma noite, mil e uma noites, que me afasto para não ouvi-los, não se encaixam com os dias, infinitos, em que devo aguentá-los...

(Aludindo às sombras e a todos os fantasmas esquisitos do casebre.)

Estes outros, estes outros? O ventre turbulento, pressionado, digno corolário de tudo, antes, depois, com a luz e com escuro, sempre presente, sempre presente...
Calai a boca! Calai!
Bem, muito bem fez a nobre senhora! Fez bem mesmo! De algum lado se deve começar a podar, de uma parte qualquer! Todos, inevitavelmente, cheios de espíritos, dentro e fora da matéria.

(Toma um longo gole da garrafa, põe-na no chão. Vem à frente, até o público, balançando-a, põe os braços cruzados no peito, grita:)

Astaró, Psomí, Vajá! Vajá! Psomí, Astaró!

PRIMEIRO FINAL, VERSÃO 1982

(*Vai até a mesa e derrama tudo, com desespero. Agarra os sacos de lixo e derrama o conteúdo deles no chão. Quebra garrafas, rasga roupas, quebra objetos e tudo o que encontra em uma espécie de fúria, ao mesmo tempo aflitiva e libertária, como possuído. No final, no meio do quarto, no caos da destruição, rodando como um bêbado pelo quarto, com um fio de voz diz:*) Caminha... Caminha... Aqui está a lua, lá está uma estrela... E depois há, para todos os lados, o mar... O mar, grande, grande... Tão grande que também os olhos se cansam de olhar...
Esta noite, também, chega uma tempestade... Uma luta furiosa irrompe entre a calçada, as ondas e o parapeito... E quatro caranguejos me chegam, a olhar em meio à espuma... Também os olho, por que não? Mas as tainhas são tão lindas, e as sardinhas, também, se quiserdes, têm mais estilo, mais nobreza, mais, como posso dizer, "*comme si, comme ça*"...
De frente, ainda, no pico em cima da escadaria, o riso do café... "*Caffé notte e giorno*", como atrás de um véu de água... Água de torneira, ou, talvez, de uma cachoeira de vinho ruim, no sonho para os bêbados do dormitório...

Uma cortina se mexe, me parece um passarinho no arquinho de uma janela, imóvel como Deus e todo feliz para as festas do lixo!...
"E sobe, sobe... – canta – chega para beijar os pés dessa coluna... Parece uma santa, uma santa sem cabeça, única e só, taumaturga das putas... E quem a toca queima os dedos, mas não é má... É apenas de fogo, o fogo que nos separa..."
Acorda, abre um pouco os olhos, me olha e sacode a peruca. (*Com a voz de Pulcinella, a máscara napolitana da Commedia dell'Arte.*)
"Gué-gué, gué-gué, tu estás aqui?
Gué-gué, gué-gué, tu estás aqui?
Má água...
Má água... Um século e não passa mais ninguém!
Gué-gué, gué-gué, tu estás aqui?
Gué-gué, gué-gué, tu estás aqui?
Má água...
Má água... Um século e não passa mais ninguém!"
(*Com tom regular.*)
E assim contínua ao infinito sem parar, até quando eu, por piedade, tiro a corda ao chocalho e a essa agonia.
(*Apertando as costas com ambos os braços, canta o primeiro trecho de uma famosa nênia napolitana.*)
Ah, que noite!
Que noite brilhante de lamas, de nuvens, de chaminés de fábricas... E eu vou lá no meio...

Eu vou lá no meio... Eu vou lá no meio.... Vou, vou, e caminho... Mas apenas Deus conhece o destino e eu sou apenas uma carta viva, enfiada, viva, nesses buracos! E dois rapazes, que parecem fantasmas de tão lindos que são, distantes e sem olhar, fumam um baseado ao ar do castelo... E eu, não me aproximo, não! Eu me sinto sujo, com todo esse negócio sobre os olhos, com os lábios desse tamanho, e todo esse ferro que me pesa, brincos, medalhas, pulseiras... Pareço a Nossa Senhora do Carmo... Ou uma alma perdida do purgatório... Mas aqueles não sabem dessas coisas, aqueles não! Aqueles são filhos da rainha, aquela que caminha sobre as balaustradas, sonâmbula e visionária, e todas as noites me joga água na cabeça: "Queres ou não queres entender que eu sou Sabella? Sou Carolina... A herdeira dos Bourbons! Vai fazer essas imundícies com estes depravados em outro lugar... Com estes animais que andam contigo! Mas vedes a degradação dessa corte? Papel, cuecas, negocinhos de plástico! E, afinal, sabe-se lá?! És homem ou mulher? És velha ou moça? Mas quando foi que se viu essa desgraça, essa zombaria? Ancilas, ancilas, servas minhas, corram, orsú!" (*Faz um gesto como para segurar o fantasma.*) Mas... E corre atrás dos vidros como o vento. E eu rio, rio, com uma mão cobrindo a boca, morro de rir, sem educação! Agora, já fiz duas horas e o dinheiro botei-o na meia-calça. Melhor assim! Com estes loucos que a gente encontra! "O quarto, o quarto!" Querem dar uma de espertos. Estes trapaceiros, como se eu não soubesse! "Que quarto o quê, ô Pascá? Fica quietinho, se quiseres eu faço lá... Atrás daquela pedra!" "Mas não! Eu estou doente! Eu quero a fantasia! Quero te ver subir e descer aquelas escadas!" "Mas que escada o quê, mano? Não estás vendo? A titia Vicenza dormindo no chão... Deixai-a dormir, não é? Já está amanhecendo... Velha coitada, nem casa, nem telhado, nem cama de bronze! E, mais, o que temos que fazer? O teatro das marionetes?", "O amor não é nem fracasso nem babel (*à maneira de Totó*[6].), mas está certo... Está certo, afinal, não é por amor que me chamaste! É uma maneira qualquer de passar uma noitada..." (*Canta outro trecho da nênia.*)

Uffá! Diz-me, mas quanto leva ainda? Quanto? Ah, Jesus, Jesus, mas precisa de quê? Precisa de quê? Sim? Nem um minuto? Nem um minuto e acabamos? Acabado antes que a sombra quebre e o espetáculo aconteça em uma estação: com as enfermeiras, sob um arco antigo, enfermeiras com os véus, véus de freiras de conventos, que tocam as feridas dos moribundos...

Gente ainda com vontade puxa para frente: pernas, braços, cabeças amontoadas em pilhas na rota, fora da rota, e que lamentos, que lamentos!

---

[6] Antonio De Curtis, em arte Totó, é considerado um dos maiores atores de teatro e cinema italiano do século XX.

É um hospital de bonecas? Um dormitório sob as cortinas vermelhas? E os homens? Os homens, aquilo que sobra dos homens, na máscara de medo e sangue, sangue, sangue... No meio de um quilômetro e outro... Míseras aquelas almas em volta! Míseras, sim, com as guirlandas! Ah... Como se inflama a alma que não cabe na conta! Como se inflama! Como vomita, como! E não canta, abre a boca, sim... Abre por abrir... Mas nada sai, nada. É apenas um suspirar mudo, uma carinha de peixe... Mas atrás, atrás, pelo que não se escuta, brinca sempre um grito, um berro: (*grita levantando os braços ao céu:*) "Mãos, quem quer? Pés, quem quer? Cabeças, quem quer? Entranhas, quem quer? Cérebros, quem quer? E acima, acima, ao encanto, ao leilão: vende-se, vende-se, vende-se, vende-se... "
Quando estoura este relógio? Quando?
Também o céu, então, é um balcão? E Deus conosco é apenas um usurário? E então, caminha, caminha... E então caminha, caminha e sobe... Os passos apagam as lanternas... Aqui se apaga a lua? E lá a estrela? E depois por todos os lados o mar? O mar, grande, grande, tão grande, que também os olhos se cansam de olhar?
E vê, vê... Vê no chão que aliche bonita! Que aliche bonita! Eu agora a levo comigo para casa!
A casa? Qual? Como? Onde?
Antros, túneis, esgotos, subterrâneo...
O povo dos ratos!

O povo dos ratos!
O povo dos ratos! Jesus!
O povo dos ratos! Não!
O povo dos ratos nunca teve nem uma bandeira!...
(*Arranca das costas a comprida bandeira. Canta:*)
"*E nonna nonna, e nunnarella,*
lobo bobo comeu a ovelha...
E nonna nonna e nunnarella,
O lobo comeu...
O lobo...
O lobo..."

CORTINA

SEGUNDO FINAL, VERSÃO 1984

(Vai até um canto agarra uma lata cheia de gasolina, grita, improvisadamente, como fora de si.)
O espírito... O espírito!
O fogo... O fogo... O fogo celestial!
O fogo que arde, que queima, que limpa tudo!
(Começa, quase religiosamente, de forma hierática, a espalhar, dentro do espaço, gasolina. Às vezes, pedaços, fragmentos de rezas misteriosas saem da sua boca possessa.)
Almas vagabundas das ruas, vazai!
Esta noite passa o cometa, o monstro com três cabeças, com batom, a Rainha do orfanato! E de nada adiantou que o nome dela não nos molhasse, não subisse para se tornar rastro! Almas vagabundas das ruas! Escutai, escutai! As correntes se arrebentam, esta noite, e também as pedras, esta noite, emanam uma luz!...
(Agarra uma pilha de papelões, do tipo que se encontra na rua, ajeita-os como num altar no centro do espaço. Embebe-os de gasolina e espalha-os, religiosamente, lentamente. No final, veste um quimono japonês, coloca flores nos cabelos, pega dois vistosos leques, uma caixinha de fósforo e

com estes objetos vai se ajoelhar aos pés do altar, com o rosto direcionado para o público. Abre, com um gesto teatral, os dois leques, e fazendo-os abanar, lentamente, com ações contidas, como uma máscara oriental do teatro kabuki, começa o delírio.)

Gueixa, olha, fixa bem os olhos no escuro. Enxergas esta noite sem rugas? Quantos anos tem? Diz! A quantas farrinhas sobreviveu, e ri, bochecha, no meio dos pobres e dos arrebiques, com as franjas dos lenços desgastados, com os mortos pendurados nos camafeus no pescoço? Gueixa, olha, esta noite é uma trambiqueira, uma velha gibosa, uma boneca antiga, manca, sem dignidade! Mas fixa-a bem quando fizeres o amor, quando se abre, quando segura, quando se joga na cama com os marroquinos, mãos, lábios, pele, tudo ela vende para um brinquinho. Mas fixa-a, toca-a, extirpa-a! Olha como cai, como desaba... E, de dez em dez, de cem em cem, de mil em mil, sob o suor, se derretem os anos, sob o suor se derretem os cílios! Mas fixa-a quando rir, pérolas velhas são seus dentes cariados! Segue-a nos trens, espia-a nos jardins, observa-a quando, nua, negocia com homens e meninos! Olha-a, sem sapato, bêbada de uísque, a vomitar nos rapazes, sangue e blasfêmias, como um disco... E a sua bolsinha e a pele se rasgam e se borra a maquiagem do *"Ecce homo"* das perucas...!
(Diminuir a voz até um sopro:)

Escutas que a chamam judia, muçulmana, ladra? Conta seus pecados, conta suas facas, espera por ela quando te sentares fora dos térreos dos travestis, e joga os números, joga a sorte, levando a fama dos bastardos da Nunziata!
(Levantando o olhar, apertando-se as costas com ambos os leques, à maneira de duas asas tremendo.)
Ah, noite, noite, rufiã japonesa, meia-lua sem Deus! Aqui acaba a terra e apenas tu apareces com vida, sem sono, e o mar dos mortos, lá embaixo, se esconde no orgulho, com uma pedra que beija os outros e com a poeira que tudo cobre!...
Ah, noite, noite, quem és tu? É um hospital de bonecas? Um dormitório sob as cortinas vermelhas? E os homens? Os homens, aquilo que sobra dos homens, jogados na frente destes pistões, são uma máscara de medo, coxas, mãos, cabeças, amontoadas em pilhas, fora da rota, e que lamentos, que lamentos! E por todos os lados sangue, sangue, sangue... No meio de um quilômetro e outro, sangue!...
Míseras as almas em volta! Míseras, sim! Com as guirlandas! Ah, como se inflama a alma que não cabe na conta! Como se inflama! E não canta! Abre a boca, sim... Abre-a por abrir... Mas nada sai, nada: é apenas um suspirar mudo, uma carinha de peixe...
Mas atrás, atrás do que não se escuta, brinca sempre um grito, um berro: *(Levantando os leques ao céu.)* "Mãos, quem quer? Pés, quem quer? Corações, quem quer? Cére-

bros, quem quer? Entranhas, quem quer?".
(Transformando o grito, lento, lento, em uma frase cantada triste.)
E acima, acima, ao encanto, ao leilão, por todos os lados: Vende-se, vende-se, vende-se, vende-se, vende-se...
Quando estoura este relógio? Quando?
Também o céu, então, é uma bancada? E Deus conosco é apenas um usurário?
(Ajoelhando-se.) E então, noite, escuta-me, pega estes cegos pela mão, leva-os para casa, e diz-lhes que não olhem mais, que calem os olhos!
Eu, apenas eu, com uma lamparina, olho na cara do escuro sem ver, e chamo de luz a luz, de destino o destino, fodendo com os homens e a morte, atrás de um muro, lá no porto...
(Põe com calma os leques, abre a caixinha de fósforo, pega um, o segura por um momento, cantando.)
"Suzy Wuong, Suzy Wuong, este é o mundo de Suzy..."
(Acende o fósforo e, com um último e amplo gesto do braço, o joga no altar.)

CORTINA

SOBRE ENZO MOSCATO

O dramaturgo, poeta, diretor e ator italiano há quase quatro décadas escreve e interpreta sua proposta de teatro autoral, marcada por uma galáxia febril e caótica de línguas e de invenções cênicas, que o impuseram, desde o início, à atenção do público e da crítica italiana e internacional. Sua trajetória artística, consagrada por numerosos e prestigiosos prêmios e reconhecimentos, é considerada como uma das mais originais no panorama artístico-teatral europeu.

Enzo Moscato nasce em Nápoles em 1948 e passa sua infância nos "Quarteirões Espanhóis", bairro no centro histórico da cidade. Forma-se em filosofia na Universidade Partenopea Federico II. Na década de 1970, alterna a atividade teatral e a profissão de professor de Filosofia. Em 1982, estreia sua primeira dramaturgia adaptada para a cena, a saber, a peça *"Scannasurice"*. Em 1985 ganha com *"Pièce Noir"* o Prêmio Riccione-Ater, a mais prestigiosa honraria italiana concedida para o teatro escrito. Daí se sucedem numerosos prêmios e reconhecimentos, dos quais lembramos apenas os mais importantes: Prêmio Ubu (o mais significativo prêmio italiano de encenação teatral) e o Prêmio Idi em 1988 para *"Partitura"*; Prêmio da Crítica Italiana Bilhete de Ouro Agis em 1991 para *"Rasoi"* (Lamas); Prêmio Girulá para *"Luparella"* em 1996; e, ainda outra vez, em 1994, o Prêmio Ubu, e o Prêmio Internacional de Radiofonia do Festival Ostankino (Rússia) para *"Embargos"*. É autor de mais de 50 dramaturgias originais, algumas das quais traduzidas para o alemão, o espanhol, o francês, o tcheco. Contudo, de toda a sua obra, há apenas uma peça, *"Rasoi"*, traduzida para o português, em Portugal. A maior parte dessa rica produção dramatúrgica, composta por dramas, comédias, monólogos, atos únicos, rapsódias e fragmentos encontra-se publicada nos seguintes volumes: *L'Angelico Bestiario* (O angélico bestiário), Milão: Casa Editora Ubu Libri, 1991; *Quadrilogia di Santarcangelo* (Tetralogia de São Arcangelo), Milão: Casa Editora Ubu Libri, 1999; *Occhi gettati e altri racconti* (Olhos jogados e outros contos), Milão: Casa Editora Ubu Libri, 2003; *Orfani Veleni* (Órfãos Venenos), Milão: Casa Editora Ubu Libri, 2007.

Além de inúmeros títulos de obras artísticas, Moscato produziu traduções livres para o italiano e o napolitano de textos tais como: *"L'Arancia Meccanica"* ("Laranja mecânica"), de Anthony Burgess; *"L'Ubu Re"* ("O Ubu Rei"), de Alfred Jarry; *"I Drammi Marini"* ("Os dramas marinhos"), de Eugene O'Neill; *"Tartufo o l'impostore"* ("Tartufo ou o impostor"), de Moliére; *"La conferenza aux Vieux Colombier"* ("A conferência do Velho Colombier"), de Antonin Artaud; e *"Chantecler"* ("Galo") de Edmond Rostand.

O eclético artista napolitano tem se dedicado também à música. É autor e intérprete dos textos dos CDs *"Embargos"*, *"Cantà"*, *"Hotel de l'Univers"*, *"Toledo suíte"*, entre outros. No cinema, tem trabalhado como roteirista e como ator com os diretores Mario Martone, Pappi Corsicato, Raoul Ruiz, Stefano Incerti, Antonietta De Lillo, Pasquale Marrazzo, Massimo Andrei.

**ENTREVISTA DE ANITA MOSCA
COM ENZO MOSCATO**

LÍNGUA

1. Tomando o panorama atual por referência, ainda que a Itália apresente uma variedade e uma riqueza linguística peculiar, ao olhar estrangeiro, o país designa-se como, essencialmente, monolíngue, tendo por língua oficial o italiano e por falas regionais os dialetos. Nesse contexto, como você explicaria sua escolha de adotar o napolitano, um dos dialetos da Itália, como língua de base para os seus processos criativos?

A minha escolha por escrever teatro, principalmente, em língua napolitana, parece-me, no final das contas, bastante lógica. Não apenas porque o napolitano é a minha primeira língua de formação, língua natal, materna, de "leite", mas também porque ela era, e ainda é, a língua primeira e absolutamente dominante do teatro na Itália. Enquanto autores e atores do Norte devem aprendê-la nas escolas de atuação, a língua Napoli-tana[7], eu já a possuía, tanto geneticamente quanto culturalmente. Portanto, não tive que fazer nada a mais que usá-la, porém, e esta é a questão, fazendo isso à minha maneira, subjetiva e criativa. Isso tem significado, segundo especialistas e críticos teatrais importantes, uma decisiva ampli-ação[8] dos códigos comunicativos de base ou de pertinência; uma acreção e um aprofundamento do seu potencial senso-expressivo, tanto como linguagem e tanto como sistema sincro/dia/crônico completo, perfeitamente em linha com o que predica Saussure! Imagine! Nada de dialeto ou de idioma secun-dário[9] ou local, então, como ainda, infelizmente, tende a nos transmitir uma visão regressista e parcial do fenômeno.

2. O napolitano é sem dúvida a língua de base da maior parte dos seus textos, porém o italiano os contamina mais que outras línguas também presentes na sua dramaturgia como o latim, o francês, o alemão, o espanhol. Qual é sua relação com o italiano no processo de criação?

---

7 No texto original o termo *"Napoletana"* é escrito da seguinte forma: *"Napole-tana"*. Propõe-se a tradução com hífen em português, para melhor render a intenção do autor.

8 No texto original o termo *"ampliamento"* (ampliação) é notado "amplia-mento".

9 No texto original o termo *"secondario"* (secundário) é escrito *"secon-dario"*.

Não saberia dizer. Pode-se pensar que no meu teatro o italiano apareça como a necessária tradução em termos de consciência e clareza expressiva, do quanto de natural, obscuro, instintivo, compulsivo e não imediatamente compreensível/comunicável vem produzido pelo napolitano na escrita. Uma espécie de mecânica dialética semântica entre o "Ego" e o "Id"[10] freudianos. Entre o inconsciente e os estados de vigília e atenção reflexiva! Mas também não é assim, ou, pelos menos, não funciona assim sempre. Frequentemente, eu me divirto ao reverter os papéis, as variações, as funções de uma expressão comunicativa com finalidades meramente estéticas. De maneira que dos dois polos linguísticos principais resulte o efeito de um, o espelho ao avesso e de-formado[11] do outro. Inclusive, repetidamente, à frente do uso, contextual, que faço de outras linguagens e idiomas, mortos e vivos, conhecidos e desconhecidos, ao lado do italiano e do napolitano, estes até desaparecem da página e tendem a assumir uma função meramente servil em relação a todo o resto. Não sei por que isso acontece. Talvez seja devido também às marcas que permaneceram dentro de mim

---

10 "Ego" e "Id" definidos, respectivamente como a consciência mediadora e o conjunto caótico das pulsões no livro *O Ego e o Id* de Sigmund Freud, publicado em 1925.

11 No texto original o termo *"deformato"* (deformado) é escrito *"de-formato"*.

deixadas pela minha formação filosófico-linguística durante a juventude; do tempo em que eu ficava, literalmente, perturbado pelos jogos combinatórios e fascinantes de línguas e de estilos da parte de mestres inestimáveis como Wittgenstein[12], Queneau[13], Artaud[14], Russell[15], Pound[16], Bakhtin[17], Propp[18]... Mais do que um sistematizador e um conservador de línguas, considero-me, em vez disso, um experimentador delas. Também um esbanjador, se quiserem. Para mim tudo bem, também.

3. A sua língua teatral foi definida, frequentemente, como "híbrida", oscilando entre um italiano áulico e um napolitano carnal. Como foi reproduzido este peculiar jogo entre dois códigos linguísticos distintos, nas traduções dos seus textos em outros idiomas?

12   Ludwig Wittgenstein (1889-1951), filósofo austríaco.

13   Raymond Queneau (1903-1976), escritor, poeta, matemático e dramaturgo francês.

14   Antonin Artaud (1896-1948), ator, poeta, dramaturgo e pensador francês.

15   Bertrand Russell (1872-1970), filósofo inglês.

16   Ezra Pound (1885-1972), poeta e tradutor norte-americano.

17   Mikhail Bakhtin (1895-1970), filósofo, crítico literário e historiador russo.

18   Vladimir Propp (1895-1970), linguísta e antropólogo russo.

Híbrida, sem dúvida. Mestiça, multirracial, multissexual, multivogal[19], multissêmica[20], multissemântica[21]. Mas nem sempre o italiano que uso é áulico (se for, é com intenções irônicas) e igualmente se dá com o napolitano, que nem sempre é carnal, como expliquei acima. O jogo dos contrastes, das inversões, das contradições, e também, por assim dizer, das autoanulações recíprocas de sistemas linguísticos distintos não é sempre percebido e não é sempre (re)produzido[22] criativamente pelos tradutores que se encarregaram da ingrata tarefa. E, afinal, o "tudo em luz" e o "tudo explicado" de uma obra de tradução nem sempre é a melhor maneira para entregar à língua de chegada o fascínio e a profundidade de uma escrita na sua elaboração original. Em geral, prefiro uma fidelidade de espírito em relação àquela de tipo literal, quando se trata de versões estrangeiras dos meus textos de teatro. Parece-me a melhor atitude a tomar.

19   No texto original, neologismo formado pelo adjetivo *"multi"* e pelo substantivo *"vocale"* (vogal). Propõe-se multivogal.

20   No texto original, neologismo formado pelo adjetivo *"multi"* e pelo substantivo *"polisemia"* (polissemia). Propõe-se multissêmico.

21   No texto original, neologismo formado pelo adjetivo *"multi"* e pelo substantivo *"semantica"* (semântica). Propõe-se multissemântica.

22   No texto original, neologismo formado pela prefixo gramatical *"ri"* e o particípio passado *"reso"*, do verbo italiano *"rendere"* (usado no sentido de traduzir, produzir).

4. Desde os seus primeiros textos, Nápoles faz parte da sua produção dramatúrgica. Uma Nápoles em muitos aspectos inédita, irônica, escura, anti-solar, fora dos clichês de beleza e de violência que a tornaram famosa no mundo. Após quatro décadas de atividade dramatúrgica, qual é, hoje, sua relação com Nápoles?

Nápoles, eu continuo a observá-la, estudá-la, escrevê-la, atuá-la, cantá-la, tentando de alguma maneira defini-la, mas nunca realmente consigo alcançá-la por causa da sua essência profunda e inconquistável, pela sua recusa constante em ser circunscrita a um código hermenêutico de compreensão e de significação permanente.

Afinal, esta é sua maneira de se pôr, voluntária e desembaraçadamente, "fora da História", e todavia produzir alguma História a seu modo, é uma das tantas e contraditórias faces da sua realidade paradoxal, que já tinha, por exemplo, conquistado Pasolini, fascinando-o até o ponto de ele escolhê-la como cenário do seu famoso filme, o Decameron de Boccaccio. Realço que o cineasta italiano transferiu a locação do filme, da imóvel e marmórea Florença dos turistas da década de 70, já completamente homologada às bem-comportadas regras do *business* "morde e foge"[23] internacional, à violenta, caótica,

---

[23] Ditado italiano *"mordi e fuggi"*, que significa "aproveita e foge".

vivíssima Neapolis[24] dos mesmos anos.

O impenetrável abismo urbano que já perturbava e confundia a ponto de colocar, literalmente, em fuga, na época da corte de Anjou,[25] os turistas que vinham para visitá-la! Assim como foi posto em fuga, é bom lembrar, também o astuto Odisseu de Homero, diante do encantador e incompreensível canto da sereia Parthenope, que deu o antigo nome à cidade de Nápoles, Partênope[26].

TRADUÇÃO

5. Você, além de escrever uma rica e consagrada produção dramatúrgica também traduziu autores como Burgess, Jarry, O'Neill, Molière, Artaud e Rostand. Traduziu os textos dos autores acima citados em italiano ou napolitano. Por quê?

As traduções dos autores estrangeiros (Burgess, Rostand, Moliere, O'Neill, Jarry, Artaud, Copi...) foram traduções

---

24 Nome grego de Nápoles, da "*Nea*" (nova) e "*polis*" (cidade).

25 A corte de Anjou dominou o Reino de Nápoles nos séculos XII, XIII e XIV.

26 Nápoles é chamada também de *Partenope*.

em ambas as línguas, italiano e napolitano, e, às vezes, em uma espécie de mistura entre as duas, realizadas em maneira muito livre da minha parte. A essas operações dei o título irônico de "Tra'invenções"[27], e a raiz "tra" se refere tanto a tra-dução, quanto à tra-ição. Nenhuma obra de tradução respeitável pode evitar a traição da fonte originária que deve ser trasladada para outra língua. Cada língua é distinta da outra, logo, um grande espaço de manobra deve ser concedido ao Caronte[28] dos idiomas, a fim de encontrar nas entranhas da língua na qual se deve trasladar a escrita originária, uma fidelidade não literal, mas, sim, espiritual e metafórica. Aliás, eu, na letra como forma textual de fidelidade e aderência não acredito nem um pouco, e, por isso, os parentescos e as afinidades com os autores traduzidos por mim deram-se sob o signo da liberdade e da invenção, as únicas capazes, na minha

---

27 No texto original neologismo formado pelo prefixo gramatical *"trad"* e pelo substantivo *"invenzioni"* (invenções), escrito da seguinte forma *"Trad'invenzioni"*. Propõe-se "tra'invenções". Note-se que em italiano *Tradurre* (traduzir) e *Tradimento* (traição) compartilham o mesmo prefixo *"Trad"*, enquanto que em português elas compartilham o prefixo "Tra".

28 Na mitologia grega e romana é o barqueiro do Hades que carrega as almas dos recém-mortos sobre as águas do rio Estige. A figura mitológica é citada por Virgílio no VI livro da *Eneida* e pelo Dante no III Canto do Inferno da *Divina Comédia*. No texto original *"traghettatore"*, que remete logo à figura de Caronte, no sistema significante italiano.

opinião, de devolver na língua de chegada o coração profundo ou o sentido íntimo, pulsante e invisível, ao olhar superficial, de uma certa escrita.

6. Muitos teóricos da área de tradução, Bassnett, Pavis, Zatlin, entre outros, afirmam que a tradução do texto teatral apresenta uma especificidade. Você concorda? Quais foram as suas prioridades linguísticas, estilísticas e conceituais ao abordar os textos nos seus processos de tradução realizados?

Acredito, talvez, ter respondido a essa pergunta na questão precedente. Todavia, acrescento, para ser ainda mais claro, que as minhas diretrizes no trabalho de tradução foram aquelas de tentar entender a essência profunda da obra que tinha que verter, e ainda de criar uma linguagem pontual, um idioma, um *speech*[29] capaz de devolver, no âmbito do possível, a riqueza e a unicidade da íntima verdade da obra. Ou, pelo menos, aquela que eu, subjetiva e fantasticamente, tinha percebido como sua íntima verdade. Em outras palavras, na minha visão, o melhor tradutor de uma obra é aquele que, com ousadia e, ao mesmo tempo, com respeito e admiração, torna-se, de alguma forma, também o segundo autor, na língua para a qual deve transferir o texto.

29 Em inglês, tradução: "Discurso".

7. Alguns autores (Anderman, Bassnett, Espasa) afirmam a exigência de uma dupla tradução em relação ao texto teatral, uma para a leitura, outra para a encenação, ao passo que outros deixam entrever timidamente (Pavis, Züber-Skerritt, Zatlin) que essa distinção não se justifica, visto que todos os textos teatrais são escritos para a *"messa in scena"*. Qual o seu posicionamento?

Existem textos que nascem sugeridos ou sugestionados pelas visões ou pelas pré-visões cênicas, quero dizer que desde a origem e, em relação à finalidade, já são, íntima e especificamente, textos teatrais, e há outros que vão, definitivamente, por natureza e por destinação, muito além da cena, além do teatro. Eu, durante cerca de quarenta anos de dramaturgia, tenho escrito e praticado tanto os primeiros quanto os segundos. Com apenas essa diferença: àqueles que não nasceram para serem encenados e postos imediata e fatalmente em cena, os acho mais sedutores que os outros, quando resolvo deixá-los viver, eles também, um pouco sob a sagrada poeira do palco. Por quê?
Porque me obrigam a um maior e mais original esforço de imaginação e transformação para convertê-los à escuta e ao olhar, vivo e participado, que a dimensão do teatro demanda. Devo ter dito isso muitas vezes: o princípio óbvio dos vasos comunicantes não funciona para o teatro. Ele re-

sulta num desconhecido. O teatro não é o lugar da lucidez e do lucro. Ao contrário, é o lugar de perda e da infecção. O teatro é risco, descoberta, alquimia, energia, magia, uma fenda devassada sobre tudo o que é inédito e ignoto. Não é "dois-mais-dois-faz-quatro". Por isso, existe o bobocômio[30] cotidiano que tem se tornado a televisão, tanto aquela dissimuladamente livre quanto aquela do regime estatal. E é bastante triste constatar que, frequentemente, hoje, tanto para a escrita quanto para a *"messa in scena"*, este aspecto extremo e esotérico que o teatro por sua natureza e vocação deveria possuir está quase desaparecido tanto para o papel quanto para o palco, até ali, no seu interior. Sem embargo, bastaria ler simplesmente uma linha de Shakespeare para conferir a exatidão do que estou dizendo e do sentido da perda incomensurável que experimentamos quando contemplamos, por um momento, tanto na escrita quanto em visão, o assim chamado teatro contemporâneo ou pós-moderno, o qual, na maioria dos casos, de original tem apenas o fato de que é contemporâneo ou pós-moderno, sendo que, em relação a tudo o mais, é de um tipo de esmagamento, banalidade, miopia, covardia e velhice realmente desconcertantes.

---

30 No texto original *"scemicomio"*, neologismo formado pelo adjetivo *"scemo"* (bobo) e pelo substantivo *"manicomio"*. Propõe-se "bobocômio", formado pelo substantivo "bobo" e pelo substantivo "manicômio".

TEATRO

8. O que representa para você o texto teatral em relação ao ato teatral? E o quanto você, como autor, dispõe-se a ceder, no momento da *"messa in scena"*?

Se predico a necessidade de uma não-ortodoxia da escrita de um texto teatral, com maior força e razão predico que a eventual adaptação cênica de um texto desse tipo deve ser duplamente surpreendente, duplamente decepcionante e frustrante, duplamente livre das pávidas esperas de conforto da parte do público! Artaud dizia que o teatro é risco, é perigo, é ver em cima do palco caírem as cabeças cortadas dos reinantes. E não de mentira, mas, sim, de verdade mesmo!
Naturalmente, fazia sempre uso da metáfora, porém era uma metáfora terrível e não uma brincadeira inócua com bonecas. Expressava a necessidade, no teatro, de escancarar com violência os olhos e as orelhas das pessoas ao "novo", à deflagração e às feridas de queimaduras provocadas pelo "novo". Agora, eu penso exatamente como Artaud. Acrescentando uma coisa. O novo não é, banalmente, a novidade. Menos ainda é o último produto de moda exposto no mais próximo *big-store* que todos po-

dem comprar. O novo não é novismo[31]. O novo, no máximo, é "o antigo não ainda revelado aos nossos sentidos", segundo a definição que elaborou o genial, infelizmente prematuramente falecido, Neiwiller[32], meu amigo. Consequentemente (e paradoxalmente), no âmbito do teatro precisaríamos mais de arqueólogos, escavadores ou desenterradores deste "antigo" para desencapsulá-lo e livrá-lo das escórias degradadas do contemporâneo, no lugar de atores, atrizes, cenógrafos, figurinistas e diretores, que abundam como *mozzarelle*[33], atraídos como acontece pelos muezins[34] dos vendedores de fumo das fictícias escolas de teatro, nunca satisfeitos de ter suas salas abarrotadas de equívocos e equivocados, aspirantes ao ofício de descuidados malabaristas, indiferentes charlatões da ficção cênica, tendo como única finalidade aquela de chegar ao sistema televisivo das estrelas!

>31 Neologismo no texto original formado pelo substantivo "*nuovo*" (novo) e pelo sufixo gramatical "*ismo*". Propõe-se o mesmo termo para o neologismo em português formado pelo substantivo "novo" e pelo sufixo gramatical "ismo".

>32 Antonio Neiwiller (1948-1993), ator, diretor, dramaturgo e pensador italiano.

>33 Produto laticínio típico napolitano. Aqui usado no sentido figurado de "*em abundância*".

>34 Em árabe no texto original, o encarregado de chamar dos minaretes os fiéis muçulmanos para as cinco preces cotidianas.

9. Quais são os seus mestres e qual é a tradição teatral que você, em muitas ocasiões, afirmou trair?

Artaud, Genet[35], Copi[36], os três franceses. Eles são no sentido mais restrito os meus mestres e lares[37]. Atrás deles, além de toda a tradição histórica, linguística e dramatúrgica que herdei por ser napolitano e, então, ter, às minhas costas e ao meu lado, autores como Sannazaro[38] e Basile[39],

---

35 Jean Genet (1910-1986), poeta, ator, dramaturgo francês.

36 Raúl Taborda Damonte, conhecido como Copi (1939-1987), ator, escritor, dramaturgo argentino de adoção francesa.

37 Deuses protetores do lar entre etruscos e romanos. Aqui, expressão usada como "patronos do teatro".

38 Jacopo Sannazzaro (1457-1530), poeta e humanista italiano.

39 Giambattista Basile (1566-1632), escritor e intelectual, é autor da famosa coleção de fábulas em língua napolitana "*Lo cunto de li cunti*" (O conto dos contos). Muitas personagens populares como Cinderela, a bela adormecida, entre outras, constam dessa obra italiana.

Petito[40], Scarpetta[41], Di Giacomo[42], Russo[43], Bracco[44], Viviani[45], De Filippo[46], até Santanelli[47] e Annibale Ruccello[48], tem toda a interminável galáxia de grandes obras clássicas, antigas e modernas, que como leitura desordenada, anárquica, mas incansável e devota, alegraram as minhas passadas infância–adolescência–juventude em Nápoles, onde posso dizer ter vivido, justamente para a felicidade destas leituras, parado sobre as pernas, mas com a cabeça em constante e dinâmico peregrinar, à volta do mundo.

---

40 Antonio Petito (1822-1876), ator e comediógrafo italiano.

41 Eduardo Scarpetta (1853-1925), ator, diretor e dramaturgo italiano.

42 Salvatore Di Giacomo (1860-1934), poeta, dramaturgo e ensaísta italiano.

43 Ferdinando Russo (1866-1927), poeta e letrista italiano.

44 Roberto Bracco (1861-1943), jornalista, escritor e dramaturgo italiano.

45 Raffaele Viviani (1888-1950), ator, diretor e dramaturgo italiano.

46 Eduardo De Filippo (1900-1984), ator, diretor e dramaturgo italiano.

47 Manlio Santanelli (1938), roteirista e dramaturgo italiano.

48 Annibale Ruccello (1956-1986), ator, diretor e dramaturgo italiano.

10. Prostitutas, travestis, transexuais atravessam seus textos e contam de uma sexualidade frequentemente solitária, violenta, sangrenta. O que estes personagens representam na totalidade da sua produção dramatúrgica?

Prostitutas, travestis, transexuais, na minha dramaturgia, são figuras no limite, à margem, à beira do direito de ser no mundo. Ou seja, figuras que, justamente para a colocação de um exílio, de uma rejeição, de uma espera e de uma purgatorialidade[49], estão, ao mesmo tempo, de cá e de lá. Representam o dentro e o fora do social e do existencial. Como também, se quiserem, o interno e o externo, o direito e o avesso das possibilidades de uma escrita, do fenômeno estético-catártico de uma escrita. Ainda, são figuras de transição e de travessias. Oximoros retóricos. Precisava deles, não tanto para fazer denúncia e reabilitação social através do "evento teatro", mas, sim, para anunciar os pontos focais da epifania de uma escrita, em "soma e psique"[50], como doente, infectada, contagiosa, corrosiva, perturbante, distante anos-luz dos falsos oti-

---

49 No texto original *"purgatorialità"*, neologismo formado pelo substantivo *"purgatorio"* e pelo sufixo gramatical *"alità"*. Propõe-se para a tradução em português do neologismo formado pelo substantivo "purgatório" e pelo sufixo "alidade".

50 Expressão grega usada pela primeira vez por Anaxágoras (500—428 a.C.), a qual significa "corpo e alma".

mismos, das falsas luminosidade/salubridade da prosa burguesa do teatro italiano do século passado e daquele do primeiro decênio e meio deste neo-milênio, para dizer a verdade!

SCANNASURICE

11. *"Scannasurice"* é o seu primeiro texto representado em teatro, escrito no pós-terremoto de 1980 que traumatizou Nápoles, além de outras cidades menores. Qual é a relação entre este terrível acontecimento e a metáfora que sustenta seu texto?

À luz do que acabei de falar acima, o terremoto de Nápoles, em 1980, eixo narrativo, se assim se pode dizer, do texto *"Scannasurice"*, é a metáfora da necessidade de um renascimento, de uma palingenesia que deve ocorrer no interno da vida e, por certo, também no teatro, após o apocalipse do desastre geo-urbano. É um pouco como o conceito e a práxis da peste, dentro da escrita e do pensamento de Artaud. O terremoto é a peste de Moscato, naquele preciso texto de Moscato, porque em outros lugares tenho usado outras figuras e outras metáforas devastadoras, talvez até mais violentas do que a usada na minha primeira escrita para o teatro. Em *"Scannasurice"*, talvez o que exista de interessante não é tanto o terremoto, já acontecido inclusive, mas, sim, o que se pode fazer, o que se pode juntar, como integridade ou neo-integridade, das ruínas e dos detritos, que o evento catastrófico tem deixado em volta como herança. É de lá que nasce o conto e o sentido da gênese histórica. Há uma arqueologia para fazer nascer, um minuciosíssimo e precioso trabalho de escavadores do passado, do que era antes, para colocá-lo em pé e distribuí-lo em volta, para todos os homens de boa vontade. A um primeiro olhar não se diria, porque o texto é escrito em um napolitano estrito, cheio de gírias, e porque a cultura popular que circula no seu interior é visceralmente *partenopea*, contudo o texto é uma homenagem em cena à teoria da arqueologia do saber do grande Michel Foucault[51]. Sinal de que, em mim desde o início, língua e cultura, epistemologia e ditados plebeus, alto e baixo, o ex pequeno *scugnizzo*[52] e o filósofo sucessivo nunca se separaram, nunca ficaram desarticulados um do outro. Afinal, por que deveriam ter se separado?

---

51 Michel Foucault (1926-1984), filósofo, teórico e crítico literário francês.

52 Do napolitano *"scugnà"* (lascar). Refere-se aos meninos que praticam na rua um típico jogo chamado *"strummòlo"* (pião). Aqui, usado em sentido figurado para indicar uma experiência de rua, o conhecimento da tradição oral napolitana.

12. *"Scannasurice"* em português significa "Degolarratos". Que imagem lhe sugere essa palavra e, no caso de uma adaptação no Brasil, como imagina o protagonista do seu texto no panorama sociocultural brasileiro, povo de um país sem terremotos?

Se o terremoto era uma metáfora de destruição e, ao mesmo tempo, de possível renascimento para Nápoles, dever-se-ia encontrar um equivalente apocalíptico-palingenético válido para o Brasil. Mas, também, pode ser que a história aconteça em Nápoles e naquele tempo, ou seja, na década de 80 do século passado, mas a língua belíssima, carnal e ameaçadora (ainda que muito doce nos finais) em que vem contada a história é o brasileiro, e não mais aquela na qual eu a escrevi. Afinal de contas, napolitano e brasileiro são duas línguas primas, duas línguas românicas. Elas têm um calor / uma cor expressivo-significante de comum descendência / um parentesco. Já em "Scannasurice / Degolarratos" me parece que haja na boca, ao pronunciá-las, o mesmo som musical e sanguinário! A mesma fascinante e ameaçadora melodia. Então...

AGRADECIMENTOS DA TRADUTORA[53]

Ao Enzo Moscato pela magnanimidade e pela grandeza. A Claudio Affinito por ter fornecido dados, materiais e informações preciosas.

À professora Tereza Virgínia R. Barbosa e ao professor Tommaso Raso por terem acompanhado o processo tradutório com generosidade e competência.

Aos colegas pesquisadores do GTT/CNPq Grupo de Tradução de Teatro da Faculdade de Letras da UFMG por terem contribuído de forma decisiva para a elaboração da presente tradução.

Ao Presidente da Fundação Municipal de Cultura de BH Leônidas J. Oliveira, à Coordenadora Executiva do Festival Internacional de Teatro de Palco e Rua de Belo Horizonte

---

53 Anita Mosca é dramaturga, diretora e atriz. Graduada pela Faculdade de Letras da Universidade Federal de Minas Gerais (FALE-UFMG), é pesquisadora do Grupo de Tradução do Teatro GTT/CNPq. Disponível em <www.anitamosca.com.>

Dayse Belico e à equipe do FIT BH/16 pelo apoio incondicional à área de Tradução de Teatro no Brasil.

À Consulesa Italiana Aurora Russi e ao Consulado Italiano de BH pelo apoio decisivo à promoção e à difusão da Cultura Italiana no Brasil.

Um agradecimento especial para o Guido Boletti, que ofereceu sua obra pictórica original, "Uomini e topi" (Homens e ratos), para a capa do livro.

1ª EDIÇÃO [2016]

Esta obra foi composta em Mercury e Campton
sobre papel Pólen Bold 90 g/m² para a Relicário Edições.